儿童认知发展
——评估与教学

盛永进 范 里 编著

南京大学出版社

前　言

认知是人们获得知识、经验的心理过程,其能力的发展则是人们成功完成活动最重要的心理条件。为了帮助广大教师、家长积极正确地引导和促进儿童的认知发展,我们在借鉴参考国内外有关资料的基础上,通过搜集、整理大量的教育活动案例,遵循认知发展的教育规律,精心设计编写了这本《儿童认知发展:评估与教学》。

本书是一本有关**认知技能发展标准参照教育评估与教学的工具用书**,适用于所有儿童(包括成年人)的技能评估与活动训练,**特别考虑到了包括残疾儿童在内有特殊教育需要的儿童**。全书内容将认知领域技能划分为注意、任务完成、出勤阅读、数学、实用数学(主要是与生活直接相关的应用性数学问题)、书写、拼音和推理9个次领域。内容编写以认知技能的发展为线索,大致涵盖了从1岁到成年人的认知发展情况,以具体的活动设计为形式,系统地描述儿童的认知技能水平,具有评估、教学与交流的指南功能。

作为一种评估工具,本书可以帮助教师对儿童进行评估与早期鉴别,全面了解儿童的技能水平、成长与进步。本书采取的是非正式评估取向,主要表现为生态的、功能性表现方面的评估,特别适用于那些有特殊需要的儿童。**利用本书的内容进行评估有助于教师、家长制订相应的教育或干预计划,采取训练措施,把课程与教学直接联系起来,便于教育教学中的实际运用。**

作为一种教学工具,本书具有项目干预与教学资源的引导与借鉴功能,可以帮助教师为每一位儿童制订出适宜的个别化的技能学习目标,并与课程教学相对接,有目的地培养和拓展他们的技能。本书中的活动设计都是基于儿童的兴趣,充分发挥游戏活动的教育功能,营造出激励性的情境,鼓励儿童去体验、探索和互动,进而收到教育的实效。

作为一种交流工具,本书可以为所有参与学生教育教学的合作者提供整个教育训练阶段学生发展进步的记录档案,便于信息分享、参考和交流,特别是为家长配合学校的教育教学提供明晰而具体的指导。基于团队的合作的取向,本书在使用说明中所提供的评估记录表、教案模式等,可供教师家长分别参考,这也是从实操的角度,对团队合作教育意义的强调。

编写本书是一项尝试。为了便于读者使用本书,本书在前言之后提供了较为详细的使用说明,供读者参阅。由于编写者的学识、水平有限,书中一定存在不少缺点乃至错误,敬请读者批评指正并提出宝贵意见。

编 者

2017年6月

使用说明

一、设　计

本书试图为广大的一线教师、家长或其他教育工作者提供一部简便、有效的集评估与教学于一体的实操工具指南。全书聚焦于儿童认知技能的发展，所提供的认知领域中的技能，按简单到复杂的发展顺序，大致涵盖了从1岁到成年的发展情况（成年人的技能通常可以在14岁的时候获得）。由于没有设定具体的年龄范围，可以在不考虑年龄或预期的情况下对每个学生的认知技能及训练需要进行评估鉴别。本书提供的活动内容也不是标准化的，所以其评估也不是正式的测试，不需要为每个学生打分，主要用于对学生的技能掌握程度进行识别、教学和评测。

（一）结构内容

本书认知领域包括了357种技能，分为注意、任务完成、出勤、阅读、数学、实用数学、书写、拼音和推理9个次领域（见下表）。每项技能都编有号码，如：4.03指的是第四个次领域"阅读"中的第三项内容："一次翻书2到3页"技能。

次领域项	内　容
01 注意	注意的持续时间，即对于需要完成任务的专注和注意力的保持
02 任务的完成	完成所布置的任务和对任务结果的评价
03 出席	日常准时到校上课和参加学习活动
04 阅读	通过视觉识别，把书写符号转译成相应的声音和言语
05 数学	运用加、减、乘、除、集合、分数、小数和百分数来解决数学问题
06 实用数学	通过运算来判断钟表和日历上的时间、兑换钱币和测量线段、固体、液体等（实用技能）
07 书写	运用手眼协调能力写出用于信息交流的符号
08 拼音	通过听觉辨别，把声音和言语转化成书面汉语拼音符号
09 推理	根据刺激物的相似性进行分组并做出相关的判断

（二）编排体例

每项技能的评估与训练，都以以游戏为主的活动展开，其内容格式基本一致，包括技能项目的编号、标题与文本内容。文本具体内容由活动主题、能力要求、兴趣水平、材料准备和具体的教学活动五个部分组成（见下表）。

4.08 按照逻辑顺序从左向右放置5张图片
活动主题：图片阅读排序
能力要求：视力、动手能力
兴趣水平：学前、小学、中学、青少年
材料：连环画、纸板、浆糊、水彩笔
1. 从报纸上收集几套不同的连环画。
2. 把每套连环画分别裱在一张纸板上。
3. 在纸板的背面分别标出每张图片的序号，然后把这几张图片分别剪下来。
4. 打乱图片的顺序并把这些图片放在学生前面的桌子上。
5. 让学生看一看每张图片并试着把这些图片按照逻辑顺序摆回原位。
6. 让学生把图片反过来看一看数字的顺序是否正确。
7. 如果学生出了错，讨论每张图片并帮他把图片摆放好。
8. 打乱图片的顺序并让学生再次把图片摆回原位。

编号和标题代表具体的领域和技能。本书每一项技能都有一个基于所属领域的身份编号，如"4.08"代表认知技能中第4项次领域"阅读"中的第8项技能："按照逻辑顺序从左向右放置5张图片。"技能编号为评估、训练以及其他相关的技能信息提供了相互对照。这些技能都是按照每个领域中的发展顺序来表述的。学校在对一名学生进行评估之后，目标技能的文本内容可以改写为个别化教育计划（IEP）中的一个目标。

活动主题是对该项活动内容的概括性陈述。

能力要求是指技能的适宜性条件要求。如"视觉、听觉、动手"意指学生进行该项技能的评估训练，需要具备视觉、听觉及动手的能力条件。教师需要确定每项技能的水平标准以便衡量学生技能掌握的情况。

兴趣水平反映的是该项技能活动相对应的年龄水平，教师应根据具体的情况做出适当的调整。

材料是指活动中所需要的基本的材料或用具等。

教学活动是指具体的活动安排。本书所有活动都采取分步式的教学方法，并按其过程顺序排列。

二、评　估

作为一项评估工具,本书可以帮助教师对学生进行评估与早期鉴别,全面了解每个学生的技能水平与进步。本书的评估采取的是非正式评估取向,主要表现为生态的、功能性表现方面的评估。因此,本书特别适用于那些有障碍的特殊需要儿童,有助于教师、家长制订相应的教育计划和训练措施,把课程与教学直接联系起来,便于在实际的教育教学中运用。

（一）评估准备

在评估的准备阶段,主要是了解学生相关技能行为的表现及其背景性信息,特别是那些反映学生在文化和环境方面的相关经历,以此确定所要评估的目标技能。某个发展领域的目标技能可借助于"识别行为"来筛选或锁定。所谓识别行为是指儿童在平时的活动中表现出来的"非典型"状况。例如,一名儿童"在监管下专心于学习任务的时间不超过 10 秒钟,总是转移目光、离开原处或者自我刺激"。那么他的"注意力控制"就成为已识别的行为,需要我们关注并作为可能或潜在的目标技能实施进一步评估,以对其"注意力控制"问题进行干预。评估准备主要包括以下三个方面:

1. 初步收集相关背景性的信息资料

通过与家长及其他相关人员的访谈,了解学生现在和过去的情况以及可能对技能评估产生的影响。必要的话,还需要查阅相关生育、医疗、教育方面的记录档案,以便较为全面、深入地了解学生。

2. 分析想观察的技能和行为

可以通过查阅相关记录,与学生的家长、同学、任课教师等访谈来了解学生技能发展的水平,然后标出高于或低于学生个体平均发展水平的几项技能,进而确定"识别的行为"。

3. 观察、记录已识别的行为或技能

有些技能可以在教室或家庭的情景中自然地显现。因此,为学生提供某些材料活动,学生可能会自然地表现出某些具体需要评估的技能或行为。观察的同时,记录下日常活动中技能的表现情况。这些技能可以用来促进下一项技能的发展,也标示着下一个训练的起点和进一步评估的机会。这种情况下就需要一个更加结构化的评估过程,以便对学生的技能水平进行充分的评测。

（二）实施评估

1. 确定目标技能

根据前期评估准备中观察、访谈等收集到的信息，分析并确定"识别行为"或所要评估的技能所属的发展领域，然后预估学生在这个领域的发展水平，找出与之近似水平相匹配的技能，这样就可以在该发展领域中选择该项技能作为起点来开始评估。

2. 制作评估记录表

在具体应用时，本书中的教学活动需要与认知技能"评估记录表"配套使用。评估记录表用来识别学生的需要、确定目标（技能）和记录学生的进步，可以根据需要仿照下面的案例预先制作（见下表）。

学生姓名　　　　年龄　　　　　性别　　　　　班级		
1. 注意 识别的行为： 认知发展迟滞； 在监管下专心于任务的时间不超过10秒钟； 她总是转移目光、离开原处或者自我刺激。		
1.11　在监管下用45秒钟到1分钟进行简单或熟悉的任务。		
1.12　在无人监管下用45秒钟到1分钟进行简单或熟悉的任务。		
1.13　在监管下用1到5分钟进行简单或熟悉的任务。		
1.14　在无人监管下用1到5分钟进行简单或熟悉的任务。		
1.15　在监管下用5到10分钟进行简单或熟悉的任务。		
1.16　在无人监管下用5到10分钟进行简单或熟悉的任务。		

(续表)

1.17	在监管下用 10 到 25 分钟进行简单或熟悉的任务。		
1.18	在监管下用 30 秒钟到 1 分钟进行困难或新奇的任务。		
1.19	在无人监管下用 30 秒钟到 1 分钟进行困难或新奇的任务。		
1.20	在监管下用 1 到 5 分钟进行困难或新奇的任务。		
1.21	在无人监管下用 1 到 5 分钟执行困难或新奇的任务。		
1.22	在无人监管下用 10 到 25 分钟执行困难或新奇的任务。		
1.23	在监管下用 5 到 10 分钟进行困难或新奇的任务。		
1.24	在无人监管下用 5 到 10 分钟执行困难或新奇的任务。		
1.25	在监管下用 10 到 25 分钟执行困难或新奇的任务。		
1.26	在无人监管下用 10 到 25 分钟执行困难或新奇的任务。		
1.27	用 0 到 5 分钟进行小组活动。		
1.28	用 5 到 10 分钟进行小组活动。		
1.29	在监管下进行一整节课的活动。		

(续表)

1.30	用10到25分钟进行小组活动。		
1.31	在无人监管下用一整节课的时间进行任务活动。		
1.32	用一整节课或指定的时间进行小组活动。		
1.33	当分散注意力的事物出现时仍然坚持0到5分钟。		
1.34	当分散注意力的事物出现时仍然坚持5到10分钟。		
1.35	当分散注意力的事物出现时仍然坚持10到25分钟。		
1.36	当分散注意力的事物出现时仍然坚持25到40分钟。		

评估记录表由技能代码、技能描述文本、评估日期和评估结果组成。在上面的评估记录样本中，左列是技能代码和技能的文本内容，其余两列的空格都是用来填写评估日期和评估结果的（见下表）。其中，"1.20"代表了认知领域中"注意力持续时间"这一次领域的第20项技能，其文本内容为"在监管下用1到5分钟进行困难或新奇的任务"。"16/02/16"和"16/05/18"是评估的日期记录，"－"和"＋"记录的是评估结果，"－"表示学生未表现出该项技能，"＋"则表示学生表现出该项技能。该样本示例表明，技能在2016年2月16日的评估中未表现出来，而在2016年5月18日的评估则已表现达成。评估记录表在每一项技能后都提供了空白处，以便记录评估日期或评估结果。每一个领域的前面都列出了识别行为。

技能代码 →

1.20	在监管下用1到5分钟进行困难或新奇的任务。	16/02/16	16/05/18
		－	＋

→ 评估日期
→ 评估结果

3. 设定评估水平标准

《评估记录表》制作完成后，评估者要为这项技能的评估确立一个水平标准，可用相关的符号代码表示。评估者也可以根据自己的需要修改符号代码,但在所有的技能评估中,一定要对所有的学生前后一致地使用这些符号代码。本书提供如下评估标准符号代码,供读者使用时参考:

+:学生掌握了这项技能或行为;

−:学生没有掌握这项技能或行为;

+/−:学生这项技能似乎有所表现(或刚刚萌发);

A:学生的这项技能或行为失准或失常;

N/A:由于学生的残疾或其他原因,这一项不适用或无法评估。

4. 评估目标技能

评估记录表制作完成,就可执行评估。先选中目标领域中某项起始技能开始评估,同时分析已观察和收集到的资料;然后创设评估活动所需情境,必要时对活动及程序进行调整,以满足被评估者的独特需要;接着,评估者根据具体活动的展开进行评估,观察被评估者的表现情况并根据确定的技能标准,酌情记录被评估者的反应,最后完成评估。

(三)评估内容调整

本书所提供的活动案例并没有考虑到所有的影响因素。如果一名学生不具备评估所要求的一些先备技能(如残疾等因素导致的问题),很可能难以对评估的要求做出相应的反应。那么,**对于残疾等有特殊需要的儿童,在评估目标技能之前,应根据学生的特殊需要对评估的活动内容进行适当地调整或更改**。下表是针对常见的障碍类型提出的一些调整建议,供读者参考。

障碍类型	调整建议
认知障碍	多给一些回应的时间; 简明、徐缓地重复指导语; 逐渐减少提示、模仿,最终在没有任何帮助的情况下做出回应; 对学生的表现给予及时的表扬。
沟通障碍	如果学生没有任何语言或言语的支持,必须在评估之前为其建立起有效的沟通交流机制,可采取符号、沟通板、图片显示及其他沟通技术、设备等辅助、替代性措施。 只有形成了可沟通交流的机制时,才能实施评估。
视觉障碍	评估的调整,取决于学生的视觉障碍程度。 评估者可以向视觉障碍教师或者验光师等相关专业人员进行咨询,以获得专业的帮助支持。

(续表)

障碍类型	调整建议
听觉障碍	寻求听力学家、语言治疗师和听觉障碍教师的帮助支持； 确定哪些评估技能适用于被评估的有听力障碍的学生； 分析被评估学生的沟通交流的情况，了解清楚是需要综合性的沟通，还是只是言语或手势方面的沟通，然后采取相应的接受与表达模式进行评估。
行为障碍	评估过程中通常包括常见的行为反应，评估者可以按照现有的方法来评估，但要做如下修改： 如果涉及学生的任务性行为问题，要把评估分解成几部分完成，每次互动只需几分钟； 要使用简明的陈述或者采取角色扮演，指导语要确保学生在评估时，正确理解评估者希望他做什么； 学生每完成一部分评估后要及时予以充分的奖励； 凡是学生尝试完成任务、做出努力、认真听讲和实现目标时都要给予积极地正强化，表扬要具体化，经常变换奖励的形式。 如果评估无法明显地反映学生的真实表现，就停止评估。
运动障碍	在需要学生做视觉运动的地方使用图案、模版或图标等来替代； 对于任何知觉动作内容，给予口头指导； 借助辅具设备，如：握笔器、改装剪刀柄等； 确保学生坐在桌子旁边的时候，脚能够平放在地板上，桌子的高度应该适中。

（四）评估注意事项

评估标准的选择取决于很多变量，包括学生经验、学生类型、学生数量、教学情境的设置、程序和时间等。因此实施评估时应注意以下事项：

1. 选择一种评估记录工具时，最重要的是要考虑它能够提供所需的信息量，要易于使用和管理。在一种特定的情境中对学生进行评估的时间长度应该因人而异。尽量把一次评估限定在15分钟内。本书中的评估一般是为5～8分钟的时长设计的。

2. 并非所有的技能都适用于每一名学生。在考虑一项技能的时候，要分析检查各方面的相关信息，根据学生的需要做出适当的调整。譬如，评估者可以判断是否有必要对口头提示或语言做出修改。关键是要使用学生容易理解的语言并接受学生用自己的词语做出的口头反应，只要他的回答是在对评估做出回应即可。

3. 本书中的评估内容及活动主要是面向学生个体开发的，特别适用于个别训练。当然，很多评估也适用于小组。但是对于有些技能，小组测验很难确定单个学生的真实表现，在小组中由于被试有可能附和其他人，也有可能克制自己不做回应，所以，同龄人的参与有时不利于衡量被试的最高能力。

4. 为了帮助一名学生发挥最佳水平,在每次评估时都要注意对其进行鼓励和肯定。

5. 如果评估者在观察某一特定领域的一系列技能表现时,学生连续做出了三个不正确的反应,应停止评估并从学生做出不正确反应之前的一个技能开始教学训练。必要时,重新评估,以确定学生是否学会并保持了这项技能。

6. 在转向另一个领域的评估之前,并不一定要完成已评估领域的所有目标技能。

三、教　学

本书所设计的教学活动,既可以评估儿童技能发展的现状,又可以为接下来的技能发展训练提供参考指南。因此,作为一种教学工具,本书具有项目干预与教学资源的引导与借鉴功能,帮助教师为每一位学生制订出个别化的技能学习目标,并在课程与教学中有目的地培养和提高。

(一) 制订教学计划

1. 确定教学目标

通过评估,了解学生还没有掌握的技能,选择其中一项或多项技能作为目标。这些目标可以使用技能编号在本书中查找相应的活动信息。然后,根据学生的个体需要、设备材料的资源、教师的技能、教学的环境、家长的参与以及日程的安排等,考虑这些活动是否需要进行调整并制订相应的教学计划,包括准备教具学具、创设教学情境等。

2. 开展教学活动

根据书中建议的活动,教师在不改变活动目标的情况下,可以根据学生的特殊需要进行相应的活动调整,同时记录下所做的调整或修改,以便为某一项类似的技能活动或者对开展这项活动训练的其他人员提供参考。本书建议的教学活动注重通过足够的重复和强化来帮助学生在一系列活动过程中获得某项技能。特别是在整个活动中应尽可能多鼓励每个学生去探索和体验。

3. 进行教学评价

在教学活动实施后,要对活动的有效性、管理的难易度、学生的兴趣水平等进行反思和评价,检查教学活动是否具有激励性、是否提供了一个观察学生进步的工具、是否具有技能迁移的特征等,同时做出相应的结论。

（二）编写训练教案

本书中所设计的技能评估与训练的内容，都是基于教师在日常实践中开发的教学活动，且都标明了活动主题、能力要求、兴趣水平及所需材料的清单。因此，所有活动都是可以针对每个学生的独特需要进行调整修改，它有助于帮助教师设计个别化的具体技能训练活动方案。

1. 教案的结构模块

专注于技能教学的互动，一般也需要一个结构化的模式。它可以是跨几个课时的个别化教学。这对于教学的个别化是非常有效的，因为它使教师能够有条理地呈现教学训练的内容。在使用本书指南编写教案时，建议应包含以下四个环节：教学引入、教学实施、教学测评和信息记录，而每一环节又应包含若干子项要求（见下表）。

教学引入	时间安排：确定教学的频率和持续时间
	目标陈述：让学生了解学习任务及要求
	动机激励：使学生认识到学习的目的和意义
	起点评估：评估学生的先备技能和训练的起点
教学实施	课堂讲授：采用讲授、阅读或演示等典型的课堂讲授教学方法，组织学生通过讨论、操练、读写或其它形式来学习知识技能
	示范模仿：首次技能训练，教师要做分解展示动作，学生跟着模仿
	连锁操练：二次技能训练，学生连贯模仿教师成套动作
	巩固强化：三次技能训练，通过教师的纠正和强化来提高学生的准确率和速度
教学评测	测验/观察：如果学生未达标，则需进一步训练，帮助补习；如果能够掌握，则进行进阶训练
	评价记载：在个别化教育计划和评估记录册中记载学生的成绩
数据记录	日常教案：记载教师日常的教学情况和所用材料
	学生信息备注：记载学生训练中相关的事件信息，如趣事、逸事等
	学生进步数据：记载评估的项目结果记录

（1）教学引入

教学引入主要包括时间安排、目标陈述、动机激励和起点评估方面的内容。时间安排主要指学生学习所需持续的时间及频率。持续时间是指学生实现目标所需的教学时间长度。时间中的频率因素指的是学习行为发生的时间：如每日、每隔一天或每周。

目标陈述和动机激励是相辅相成的,主要是让学生了解自己学习任务的要求,进而激发起学习的愿望。对于一些目标来说,很时间持续可能是几个星期或几个月。起始训练的时候,必须通过目标陈述来让学生了解自己的学习目标,鼓励努力去实现它。教师可以通过直接告知或采用其它的交流方式来帮助学生发现学习目标,然后,帮助学生认识学习的意义或获得努力学习的动机。

起点评估是考查学生是否具备学习新技能的基础,即在开始教学之前,要明确学生是否具备了必要的先备知识和技能,找到学习技能的起点。如果学生准备得不够充分,应该通过一些活动来提升他的能力。

（2）教学实施

教学实施主要包括讲授、示范模仿、连锁操练、巩固强化四个方面的内容。讲授主要是指课堂上所运用的典型的教学方法,包括讲课、提问、课文阅读和演示。学生在领会教师讲授的基础上,对传授的知识和技能以某种方式进行组织和表达做出回应。回应的方式可以表现在讨论、操练、写作和一系列其他的活动中。

示范模仿是指教师做出示范动作,学生随后进行模仿。这是技能习得的重要方式。

连锁操练是指在一些更复杂的技能的学习中,需要学生对教师的成套动作进行连贯的操作练习。

巩固强化是指在技能学习或行为塑造过程中,通过教师的观察、纠正和强化,使学生技能的准确率和速度都有所提高,使目标行为得到进一步强化塑造。

（3）教学评测

教学评测包括测验、观察两个方面的内容。在教学结束的时候,以测验和观察的方式来测评学生是否已经掌握了所要训练的目标行为或技能。如果测评表明学生还没有掌握,那么就需要提供进一步的指导或补习;如果学生已经掌握,他就可以进行下一个技能或行为的进阶训练,并且把学生掌握的技能记录在个别化教育计划（IEP）和《评估记录》中。

（4）数据记录

数据记录主要包括日常教案、学生信息备注、学生进步数据三个方面内容。好的教学需要保持良好的教学日志习惯,它可以为教师的教学提供诸多有益的经验信息。日常教案是必不可少的可以显示教学材料、教学过程和教学情况的文本;学生信息备注则是为了记载与学生发展相关的或有趣的轶事,可以帮助教师了解学生的个性特点与特殊需要;学生进步数据是教学测验和观察的结果,也应是教学的常规记录。

2. 教案框架案例

为了便于读者的理解和学习,本书下面提供了用于这一教学模式的教案(简案)框架样例,供读者参考。通过教案框架案例所呈现的训练模式与本书所设计的技能活动进行比较,可以看出本书所提供的活动案例都可以直接作为开展相应技能教学活动的依据。当然,有时候应根据学生个体差异及其特殊需要进行必要的调整修改,或重新进行模仿设计。学习活动可以同时用于同班的其它学生,但在行为、条件和程度上要有区别,以满足不同个别化教育的目标。对于某些特殊儿童,某些技能或行为的教学可能要花费几个星期,甚至一年的时间,直到学生掌握为止。因此,在这一期间,教师也许只用同一个教案进行该项技能的训练活动。

教学(训练)教案样例

学生姓名:××(1年级)

【情况说明】:学生××认知发展迟滞,在监管下专心于任务的时间不超过10秒钟。她总是转移目光、离开原处或者自我刺激。针对注意力问题,干预计划着重结构化训练和大量的练习强化。

目标:增加学生的注意力持续时间。
基准:对于一项简单的或熟悉的任务,学生在没有监管的情况下,专心于任务达5—10秒钟,维持任务率(功能表现)达到80%的随机水平(见注意力维持:01.04)。

1. 教学起点:
指导该名学生做一项简单、具体的手工活动,在没有监管的情况下任务操作维持5—10秒钟,每周2~4次,直到掌握为止。如果可行的话,还可以实施另外一项活动。
2. 教学实施:
活动主题:面团画
(1) 示范模仿:
教师向学生演示如何用面团进行手指画画,学生在手把手的帮助下模仿;
教师示范画,学生在提示下模仿;
教师或同学示范,学生在鼓励表扬中模仿。
(2) 巩固强化:继续提供模仿的示范活动(如果可行的话,可用另一活动替代)
教师记录学生做出回应并给予奖励;
教师纠正学生的反应并给予奖励和表扬;
教师提示学生做出反应并给予高度的赞扬。
3. 教学评估:继续这种方式的训练,直到学生做一项简单的任务,10次中能有8次持续到5—10秒钟。
4. 教学记录

(续表)

日期	活动记录	评估/成绩
	开始在面团上画画；示范模仿A,巩固练习A学生好像害怕面团	—
16.03.13	面团画画；示范模仿B,巩固强化A	—
16.03.14	面团画画；示范模仿B,巩固强化B	+
16.03.17	面团画画；示范模仿C,巩固强化B	—
16.04.10	面团画画；示范模仿由B到C,巩固强化B	+/—
16.04.11	面团画画；示范模仿由B到C,巩固强化C	+
16.04.18	常规手指画画；示范模仿C,巩固强化C	+/—
16.04.25	常规手指画画；示范模仿C,巩固强化C 常规手指画画好，但是太乱	+
16.05.08	面团画画；示范模仿C,巩固强化C	+

（三）特殊需要的教学调整

本书所列出的所有技能和行为并非适用于所有学生。由于学生的年龄和发展水平不同，很多内容并不一定适合一些学生的特殊需要，特别是有些技能可能因学生的残疾导致的障碍而无法操作，或者有些技能可能对于某些特定的学生来说不重要而不必评估(如，在平衡木上行走的能力相对于一个在运动或平衡方面毫无困难的学生而言就不必要进行评估)。因此，在借鉴本书开展教学活动时，对教学内容、方法等必须做出相应的调整以满足个别学生的特殊需要。下表是针对一些特殊需要儿童，特别是针对一些学生的障碍情况，提供的一些教学调整建议，供读者参考。注意，这些建议同样适用于面向正常发展的学龄前儿童的教学。

听觉障碍	1. 说话时面向学生。 2. 用手势来增强说话效果(如：指着、摇头等)。 3. 说话清晰而缓慢，但要避免夸张的口部动作。 4. 限制外部的噪音。 5. 在教学时进行视觉提示。 6. 使用简单的句子和图片。 7. 注意重复并给予学生一定时间的视觉感知活动。 8. 活动开展所用的方法要前后一致。

(续表)

智力障碍	1. 注重实操动手方法的运用。 2. 反复教学。 3. 采取任务分析法逐步学习。 4. 给予正强化和不断地鼓励。 5. 允许学生多花一些时间来完成任务。 6. 清晰地解释活动每个步骤。 7. 鼓励学生独立解决问题。
运动障碍	1. 改变环境以增加学生的可参与度。 2. 把材料放在学生容易够得着的高度。 3. 调整改装教学器具及相关的设施等以满足学生的需要。 4. 对必要的辅助器具的调整所花费的时间进行补偿。 5. 如果学生不能到达活动中心，把活动带到学生面前进行。 6. 从简单的技能过渡到复杂的技能。 7. 限制一些书面材料。 8. 消除学生在达到要求方面的压力；表扬其为达到水平所做的努力。
行为障碍	1. 消除无关的材料或其他干扰的因素。 2. 通过强化把失败机会降至最少。 3. 根据学生注意力集中的时长控制学习时间，从而把挫折降到最少。 4. 行为管理应保持前后一致。 5. 在活动中伴随适当的提示。 6. 尽量限制不必要的噪音，让学生在安静的地方学习。 7. 了解对学生学习产生干扰的行为。 8. 找出最好的教学形式并对这些活动提供支持。
言语障碍	1. 特别留意学生的自我形象。 2. 尽可能地采用一对一的情境教学。 3. 减少学生外在的压力。 4. 强化学生的接受性语言，促进表达性语言。 5. 提供口头互动之外的视觉和其它方面的经验。 6. 学生说话的时候注意倾听。 7. 不用纠正学生的讲话模式。
视觉障碍	1. 使用听觉和触觉方面的电子设备。 2. 使用字体放大书面材料。 3. 充分利用听觉和触觉通道参与学习。 4. 尽可能地使用听觉信号。 5. 鼓励学生熟悉自己周围的环境。 6. 大声读给学生听；回答学生的问题并根据需要进行重复。 7. 使用类似的或相关的信息来帮助学生建立概念。 8. 善于使用手指描摹、触觉分类和凸起的符号等。

目 录

前　言 ·· 1

使用说明 ·· 1

　　一、设　计 ·· 1
　　二、评　估 ·· 3
　　三、教　学 ·· 9

一、注　意 ··· 1
二、任务的完成 ·· 20
三、出勤/及时性 ·· 35
四、阅　读 ·· 40
五、数　学 ·· 65
六、实用数学 ·· 95
七、书　写 ·· 123
八、拼　音 ·· 148
九、推　理 ·· 175

后　记 ·· 203

一、注 意

■ **1.01** 在监管下用 0 到 5 秒钟的时间执行简单或熟悉的任务

活动主题:对话玩偶
能力要求:视力、听力、动手能力
兴趣水平:学前、小学

材料:木偶

1. 选择任何类型的布袋玩偶。
2. 教师把木偶放在手上,要求学生始终用眼睛看着木偶。
3. 借木偶和学生谈话。
4. 说:"你好!我是××,我想认识你。"
5. 把木偶给学生,让他做出回应。
6. 从一两个问题开始,随着学生注意力和兴趣的增强,逐渐增加问题数量。

■ **1.02** 在无人监管下用 0 到 5 秒钟的时间执行简单或熟悉的任务

活动主题:地毯过桥
能力要求:脚步移动
兴趣水平:学前、小学

材料:地毯

1. 准备 10 个不同颜色的方块塑料泡沫地毯。
2. 把地毯纵向排列成间距为 10 多厘米的"地毯桥"。
3. 在完成一项监管下的室内活动后,要求学生通过走"地毯桥",进入下一个活动项目。
4. 过桥时,在每块地毯上走一步、蹦一下,地毯之间走一步。
5. 表扬或奖励听从指示的学生。

6. 如果学生这样做有困难,让另外一名学生带头或者示范。

■ 1.03 在监管下用 5 到 10 秒钟的时间执行简单或熟悉的任务

活动主题: 找相似图形
能力要求: 视力、听力、动手能力
兴趣水平: 学前、小学、中学

材料: 纸板、水彩笔

1. 在约 20 cm×26 cm 的纸板上画上一个形状(圆形或方形等)。
2. 在约 8 cm×12 cm 的纸板上画四个小一点的形状纸板(四个形状中有一个和上面较大的那个形状相似)。
3. 把这四个小一点的形状纸板交给学生。
4. 让学生把这四个形状纸板放在前面。
5. 举起较大的形状纸板并让学生目不转睛地一直看着它(5 秒钟)。
6. 让学生看着摆在前面的四个较小的纸板形状。
7. 让学生找出四个小的形状纸板中与大的相似的一个。
8. 如果答案正确,就给予表扬。
9. 如果学生的选择不正确,让他用手指描摹较大的和较小的形状纸板的轮廓,并让他再选择一次。

■ 1.04 在无人监管下用 5 到 10 秒钟的时间执行简单或熟悉的任务

活动主题: 面团画
能力要求: 动手能力
兴趣水平: 学前、小学

材料: 面团、纸、胶带、桌子、人工色素、罩衫

1. 提前一天把面团准备好(颜色浅的更好)。
2. 告诉学生他们将要在面团上用手指画画。
3. 午饭后开展这项活动,这样学生就不会想要吃面团。
4. 穿上罩衫。
5. 把纸贴在桌子上。

6. 安排学生在桌子旁做好。

7. 分发面团。

8. 让学生动手在面团上画画。

9. 一分钟后再次增加一种颜色以提高学生的兴趣。

1.05 在监管下用 10 到 15 秒钟执行简单或熟悉的任务

活动主题:听声音

能力要求:听力、语言

兴趣水平:学前、小学、中学

材料:打开的窗户

1. 打开教室里所有的门窗。
2. 指导学生把头贴在桌子上。
3. 让学生听并且努力记住他们听到的所有声响。
4. 把计时器设置为 10 到 15 秒,然后说:开始。
5. 表扬静坐和倾听的行为。
6. 在黑板或记录纸上列出学生们提到的每一种声音。
7. 把列出的声音分类,如:自然的声音和人为的声音。
8. 通过让学生尽可能多地记忆和回忆黑板上的内容或延长听的时间来加大难度。

1.06 在无人监管下用 10 到 15 秒钟执行一项简单或熟悉的任务

活动主题:计时作业

能力要求:听力

兴趣水平:学前、小学、青少年、成年人

材料:镜子、计时器

1. 布置一项学生能够很容易完成的任务。
2. 设置一面镜子以便使教师能够谨慎地观察学生。
3. 向学生出示计时器,并解释其作用,要求他应该一直把任务进行到铃响为止。
4. 摆上计时器。

5. 告诉学生:现在开始。
6. 把计时器设为10秒钟。
7. 转身离开学生并从镜子里观察学生的活动。
8. 如果必要的话,让学生继续下去。
9. 铃声一响,马上奖励学生。
10. 重复这个过程。
11. 如果在学生理解了程序之后,还是不得不提醒他,就不要给予奖励。
12. 随着学生能力的增强,把时间延长到15秒钟。
13. 铃声一响,马上奖励学生。

■ 1.07 在监管下用15到30秒钟执行一项简单或熟悉的任务

活动主题:指认方位
能力要求:视力、听力、语言
兴趣水平:学前、小学
材料:木块、铅笔

1. 教师坐在学生前面。
2. 把一个木块和一支铅笔举到学生面前。
3. 让学生一直注视它们。
4. 分别改变铅笔和木块位置(如,铅笔在木块上方、铅笔在木块下方、铅笔在木块旁边、铅笔在木块上边)。
5. 让学生描述铅笔相对于木块的位置。
6. 如果学生回答错误,教师就给予纠正并示范,然后让学生重复说出正确的位置关系。
7. 让学生按指定的位置关系,把物体进行相应的摆放并逐渐增大难度。

■ 1.08 在无人监管下用15到30秒钟执行一项简单或熟悉的任务

活动主题:录音描述
能力要求:视力、听力、语言
兴趣水平:学前、小学、中学

材料:图片

1. 选择几张大的图片(杂志上的图片就很好)。
2. 把每张图片固定在纸板上。
3. 把每张图片向学生展示 10 秒钟。
4. 让学生在接下来的 20 秒钟说出图片的内容。
5. 对学生的描述进行录音(用手机或录音笔)。
6. 让学生听自己的描述录音并找出录音中提到的每一样东西。
7. 学生描述时要全神贯注地听,用专注的行为为学生做表率。

1.09 在监管下用 30 到 45 秒钟执行一项简单或熟悉的任务

活动主题:姓名描红
能力要求:视力、动手能力
兴趣水平:学前、小学
材料:纸、铅笔、玩具

1. 向学生提供写有学生姓名(用虚线写成)的描红纸,要求按虚线描红。
2. 向学生提供铅笔等。
3. 告知学生当老师开始用表计时的时候,就开始行动,直到教师喊"停"。
4. 指令开始,并计时。
5. 教师在教室里巡视,对于正在按要求做的学生及时给予表扬。
6. 停止计时并说"停"。
7. 让每一个完成任务的学生在事先准备的玩具里任意选择一个并玩耍 5 分钟,或者让学生轮流负责计时。
8. 如学生有兴趣,进行第二轮活动。

1.10 在无人监管下用 30 到 45 秒钟执行一项简单或熟悉的任务

活动主题:计时作业
能力要求:听力
兴趣水平:学前、小学、中学、成年人
材料:计时器、镜子

1. 布置一项学生能够很容易完成的任务。
2. 设置一面镜子以便使教师能够谨慎地观察学生。
3. 向学生出示计时器,告知学生应该一直把任务进行到铃响为止。
4. 摆上计时器。
5. 把计时器设为 30 秒钟。
6. 告诉学生:现在开始。
7. 离开学生并从镜子里观察学生的活动。
8. 如果必要的话,让学生继续下去。
9. 铃声一响,马上奖励学生。
10. 重复这个过程。
11. 如果在学生理解了程序之后,还是不得不提醒他,就不要给予奖励。
12. 把时间延长到 45 秒钟。
13. 铃声一响,马上奖励学生。

■ 1.11 在监管下用 45 秒钟到 1 分钟执行简单或熟悉的任务

活动主题:守时获奖
能力要求:听力、动手能力
兴趣水平:学前、小学
材料:计时器、纸、胶带、剪刀

1. 用彩色卡通图案(或笑脸等)画纸把计时器的背面蒙盖住。
2. 选用两个较小的硬纸盒盒子(如牛奶盒等)。
3. 用彩色纸把这两个盒子包起来。
4. 备选学生日常喜欢获得的奖品(如小五星、小花贴、弹珠、珠子等)。
5. 选定上课所用的适当的内容(如故事书、彩色卡片等)。
6. 让两名学生隔着课桌坐在教师的对面。
7. 在每个学生的前面放一个盒子。
8. 把备选的奖品放在桌子中央。
9. 把计时器放在教师的前面,让有画纸图案的一面对着学生。
10. 告诉学生老师将要定时 1 分钟,用这 1 分钟的时间来讲课。
11. 向学生展示选定的课程内容。

12. 告诉学生：谁在"计时器"响的时候正在专心上课，谁就可以把桌子中央的一件东西放进自己的盒子里。

13. 注意及时给予奖励。

■ **1.12　在无人监管下用45秒钟到1分钟执行简单或熟悉的任务**

活动主题：躲避危险
能力要求：走动、听力
兴趣水平：学前、小学、中学
材料：带有闹铃的计时器

1. 把计时器的时间定为1到3分钟。
2. 告诉学生计时器里装满了颜料。
3. 假装说时间一到，计时器就会破裂并且会把颜料喷在手拿计时器的人身上。
4. 规定学生应该从某个方向经过计时器才能避免这种情况的发生。
5. 让学生从特定的路径经过计时器（如桌子下面、椅子周围、课桌后面）。
6. 教师要表现出饱满的情绪和极大的热情。
7. 对那些听得仔细、动作迅速而认真的学生给予表扬。
8. 尽可能不断变化路径的方向，使活动富于变化。

■ **1.13　在监管下用1到5分钟执行简单或熟悉的任务**

活动主题：服从指令
能力要求：走动、视力、听力、动手能力
兴趣水平：学前、小学
材料：颜料、纸板

1. 为每个学生准备一个约5 cm×5 cm的正方形纸板，并把纸板分成不同颜色的四份。
2. 告诉学生按照教师说的话去做。
3. 让他们面向教师排成一排。
4. 把卡片分给学生，并且告诉他们把卡片放在自己前面的地板上。
5. 让学生试着做几个朝不同方向的动作，直到教师确信所有的学生都明白了

这个游戏(例如:"老师说:'把你的手放在红色纸板上。'")。

6. 对于认真听讲、注意力集中的学生给予奖励。

7. 要求被教师"逮到"的学生后退一步,但他可以继续玩游戏。

■ **1.14 在无人监管下用1到5分钟执行简单或熟悉的任务**

活动主题:守时游戏

能力要求:听力

兴趣水平:学前、小学

材料:计时器

1. 找到一个普通的计时器。
2. 确定一堂需要完成的课(如:三道数学题)。
3. 告诉学生计时器的时间将被设定为5分钟。
4. 告诉学生如果计时器的铃声响起的时候,他坚持住就会得到奖励。
5. 设定时间并示意学生开始做题。
6. 如果学生在计时器的铃声响起的时候已经完成了这些题目,给予奖励。即使他没有完全做对,也要给予奖励。

■ **1.15 在监管下用5到10分钟执行简单或熟悉的任务**

活动主题:遵规守时

能力要求:视力

兴趣水平:学前、小学、中学

材料:图画用纸

1. 在布告牌上画一个大的苹果树。
2. 用红色的图画纸剪出一些苹果钉在"树"上。
3. 把它们标记为"红苹果"。
4. 如果学生能完成10分钟时间的任务,将收到"红苹果"作为奖励。
5. 监管学生的工作。
6. 在10分钟时间到的时候,把"红苹果"送给学生并且表扬他们一直在努力工作。
7. 鼓励学生这一天都佩戴着"红苹果"。

一、注 意

■ **1.16** 在无人监管下用 5 到 10 分钟执行简单或熟悉的任务

活动主题:自由时间卡
能力要求:听力
兴趣水平:学前、小学
材料:硬纸卡片、水彩笔、计时器

1. 按照下列步骤来制作"时间奖励卡"。
2. 在每一张硬纸卡片上画两张笑脸。
3. 用一支彩笔在卡片的中央写上"奖励 5 分钟的自由时间"。
4. 为学生选定一项任务。
5. 向学生布置任务。
6. 告诉学生,老师将要把计时器设定为 5—10 分钟,如果时间到,他还在认真工作,就奖励其一张"自由时间"卡。
7. 如果学生一直在工作,在时间到的时候给他一张卡片。
8. 如果学生没有一直工作,重新设定计时器的时间并让他再试一次。
9. 告诉学生,可以在完成工作后消费掉他的"自由时间",也可以把这些"自由时间"积攒起来换取更长的时间段。

■ **1.17** 在监管下用 10 到 25 分钟执行简单或熟悉的任务

活动主题:听读故事
能力要求:视力、听力、语言
兴趣水平:学前、小学
材料:5 本动物图画书、一些小的动物玩具

1. 让学生从预先选好的 5 本动物故事书中进行选择。
2. 告诉学生从故事中听三件事(如动物的家、名字等)。
3. 告诉学生每当他记住一个答案,就可以获得一份奖品。
4. 读故事,可以根据需要让学生看一下图片。
5. 之后讨论这个故事。
6. 向学生提问布置的三个问题。
7. 奖励每一位回答正确的学生。

8. 如果学生没记住答案,把故事再重复一遍。

9. 随后把与故事中相关的一些动物玩具送给孩子并帮助他复述故事内容。

■ **1.18　在监管下用 30 秒钟到 1 分钟执行困难或新奇的任务**

活动主题:找颜色游戏

能力要求:走动、听力、动手能力

兴趣水平:学前、小学

材料:故事、彩纸或彩布

1. 选择一个故事,故事中要提到很多不同的颜色。
2. 让每个学生选择故事中提到的一种颜色,并把那种颜色的纸或布送给学生。
3. 让学生们听故事,并且当在故事中提到他们的颜色时站起来。
4. 表扬认真听讲的学生。
5. 对于那些有困难的学生可用另外的方式来帮助(如:点头等)。

■ **1.19　在无人监管下用 30 秒钟到 1 分钟执行困难或新奇的任务**

活动主题:照镜子

能力要求:走动、视力

兴趣水平:学前、小学、中学

材料:计时器

1. 准备一个计时器。
2. 让两个学生面对面坐着或站着。
3. 让一个学生充当主导者进行动作演示,另一个充当"镜中人"进行模仿。
4. 要求"镜中人"的身体动作和面部表情必须和主导者的动作及表情一致(就像主导者在照镜子)。
5. 找一个自告奋勇的同学来和教师共同演示。
6. 把计时器设定为 30 到 60 秒。
7. 强化认真观察和认真听讲的行为。
8. 互换角色并重复刚才的动作。
9. 讨论哪个角色更难扮演以及原因是什么。

一、注　意

■ **1.20　在监管下用 1 到 5 分钟执行困难或新奇的任务**

活动主题:记忆游戏

能力要求:视力、动手能力

兴趣水平:学前、小学

材料:小物品

1. 收集六个不同的物品(如尺子、铅笔、橡皮、纸夹、扑克牌、粉笔等)。
2. 把三个物品摆成一排放在学生前面。
3. 告诉学生要仔细观察有哪些物品,然后老师要拿走其中的一个。
4. 给学生留出 15 到 30 秒钟的时间来观察。
5. 让学生闭上眼睛。
6. 去掉一个物品。
7. 让学生说出哪一个物品不见了。
8. 对回答正确的给予奖励。
9. 如果学生说错了,把物品放回原处再试一下。
10. 通过增加物品的数量来加大难度。
11. 通过把所有的物品都留在桌子上,但改变其中两个物件的位置来变化游戏。
12. 让学生把这些物品按照以前的位置顺序重新摆放。

■ **1.21　在无人监管下用 1 到 5 分钟执行困难或新奇的任务**

活动主题:听音配对

能力要求:视力、听力、动手能力

兴趣水平:学前、小学

材料:录音机(或其他音频播放器,如手机)、工作任务单、纸

1. 描述 8 到 10 个教室里所陈列的物品,并用录音机录下。
2. 为每一项描述写上序号(如: ♯1—挂在墙上, ♯2—告诉我们时间等)。
3. 在工作单上,用任意的顺序画出录音中所描述的物品。
4. 向学生演示如何使用录音机。
5. 告知学生需要将任务单中的序号,写在所听到录音中描述的相应内容图片物品的旁边。

6. 让学生关掉录音并把答题纸交给教师。
7. 强化独立工作能力和责任感。
8. 对于有困难的学生可降低要求并给予适当的帮助。

1.22 在无人监管下用 10 到 25 分钟执行困难或新奇的任务

活动主题：嵌板配对
能力要求：视力、动手能力
兴趣水平：小学、中学
材料：毡纸、剪刀、约 8 cm×13 cm 嵌板、图画纸、挂图钩

1. 准备两个约 8 cm×13 cm 嵌板。
2. 在右边的嵌板上用几何形状粘一个小丑（如图所示）。
3. 在小丑的每一个几何形状上放置一个钩子。

4. 在左边的嵌板上随意放一些钩子，并且挂上相同的几何形状（毡纸、图画纸）。
5. 指导学生从左边的嵌板上取下一个形状、进行比对，然后把它用钩子挂到右边嵌板上的相应位置。
6. 向学生示范这个操作过程。
7. 确保学生理解了任务，然后让他单独完成任务。
8. 当学生完成任务返回时，拍一张学生和小丑的合影。

1.23 在监管下用5到10分钟执行困难或新奇的任务

活动主题:绘画窗景

能力要求:视力、动手能力

兴趣水平:小学、中学

材料:窗户、纸、铅笔、蜡笔

1. 为每个学生准备足够的纸、铅笔和蜡笔。
2. 让每个学生在房间里选择通过一扇窗户并且非常仔细地观察窗外的景色。
3. 告诉他们把所选的窗景如实地画下来,留待需要的时候进行季节变化的比较。
4. 鼓励他们寻找细节(如虫子、天空的颜色、云、动物、植物等)。
5. 分享所有的窗景图画,对每张图画都提出表扬(如细节、颜色、工艺等)。
6. 奖励那些坚持完成任务的学生。
7. 讨论季节变化和学生绘画技能的提高。
8. 让学生把他们所描绘的事物写下来以便增加难度。

1.24 在无人监管下用5到10分钟执行困难或新奇的任务

活动主题:沉浮实验

能力要求:视力、动手能力

兴趣水平:学前、小学

材料:硬纸板、接触印相纸、水彩笔、容器、海绵

1. 用约 30 cm×40 cm 硬纸板制作一个工作板。
2. 画一张画,画中有一个物体漂浮在容器里的一端,一个物体沉入容器里的另一端。
3. 在两端分别标上"漂浮"和"下沉"字样(如需要可配以示意图案)。
4. 用一张透明的贴纸盖住工作板。
5. 在两端各粘一块薄海绵来吸收后续实验物体上多余的水。
6. 收集10到15个物体。
7. 向一个塑料容器中注入5到7 cm深的水。
8. 指着工作板说:"这张画表现了一个盛水的容器,就像你们所用的容器一样。"

指出物体漂浮(或下沉)的情况。"
9. 表扬正确的反应。
10. 如果学生做出了错误的反应,讨论漂浮或下沉的问题。
11. 把一个物体交给学生。
12. 这个物体漂浮还是下沉?让学生放在水里试一下。
13. 试完后让学生把物体放在海绵上。
14. 表扬正确的反应。
15. 再让学生尝试一次。如果这次是正确的,就让他独自完成任务。
16. 再一次表扬学生负责任的工作习惯和正确的反应。
17. 通过把学生的名字放在"能手"布告栏或者送给他"能手"徽章来变换奖励方式。

■ **1.25 在监管下用 10 到 25 分钟执行困难或新奇的任务**

活动主题:选色绘画
能力要求:视力、听力、语言、动手能力
兴趣水平:学前、小学、中学
材料:30 cm×45 cm 白色图画纸、成套水彩笔、水杯

1. 发给每个学生一张白色图画纸。
2. 发给每个学生 1 套水彩笔。
3. 让每个学生选择 1 种颜色并说出对它的感觉。
4. 例如,说"蓝色使我感觉想要漂流"或者"蓝色使我感到难过"。
5. 让学生把他们对 1 种颜色的感觉画出来。
6. 学生画完后,让他们讲一讲各自的画。
7. 允许学生按照自己的意愿画出尽可能多的画。
8. 继续鼓励学生围绕他们的作品展开对话交流讨论。

■ **1.26 在无人监管下用 10 到 25 分钟执行困难或新奇的任务**

活动主题:图案配对
能力要求:视力、动手能力

兴趣水平:小学、中学

材料:普通纸板、水彩笔、彩色纸板

1. 把纸板剪成各种形状:正方形、长方形、三角形。
2. 准备一系列任务卡。每张任务卡上都有用七巧板形状组成的不同图案和一个包含着每张卡片序号的清单。
3. 让学生用各种形状把任务卡上的图案覆盖住。
4. 告诉学生在完成任务后核对七巧板清单上的每一个图案。
5. 在完成的任务中选择一两个被"扣除"的图案,让学生用形状把这个图案覆盖住。
6. 对正确的反应给予表扬。

1.27 用 0 到 5 分钟进行小组活动

活动主题:纽扣配对

能力要求:动手能力

兴趣水平:学前、小学

材料:蛋品包装纸盒、纽扣

1. 收集 24 对纽扣。
2. 把这些纽扣分成两套,每套有 12 对。
3. 让两个学生在桌子上完成任务。
4. 发给每个同学一套纽扣和一个蛋品包装纸盒。
5. 让学生把每对纽扣中的一个放在一个空的鸡蛋篮子里,另一个放在纸盒的上面。
6. 让学生交换纸盒并且把零散的纽扣同篮子里的纽扣配对。
7. 对于学生完成任务和独立工作提出表扬。
8. 通过增加颜色和样式的匹配来变换任务。

1.28 用 5 到 10 分钟进行小组活动

活动主题:守规则

能力要求:听力、语言

兴趣水平:学前、小学、中学

材料:炸土豆条、故事

1. 编一个故事。故事里的人很孤独,因为没有人帮助他做事。
2. 把故事读给全班听。
3. 和学生一起讨论如果他们是那个人,他们会有怎样的感受。
4. 讨论怎样合作、怎样用一种好的方式相互帮助、怎样分享材料等。
5. 确定帮助朋友时该遵循的一些规则。
6. 把3到4名学生分成一组。
7. 为每组学生分配一项任务。
8. 告诉学生老师会在他们合作的时候寻找那些遵守规则的人。
9. 让学生开始工作,向那些正在遵守规则的学生分发炸土豆条。
10. 预定的时间一到,奖给表现好的学生或小组炸土豆条。
11. 解释为什么这些学生会收到炸土豆条,或者让学生们来解释原因。

1.29　在监管下进行一整节课的活动

活动主题:听故事游戏

能力要求:走动、听力

兴趣水平:小学、中学

材料:黑板、粉笔、故事、纸

1. 选择一个故事读给全班听。故事的长度取决于学生个体的听力。
2. 房间里要有一名助手或其他成年人。
3. 在黑板上列出学生的名字。
4. 发给每个学生一张纸条,纸条上写着一个常见的词语(如和,为了,具有,等等)。
5. 让学生仔细听,看能否听到他们拿到的秘密词语。
6. 告诉学生当他们听到各自的词语时,他们就要站起来、转身、再坐下。
7. 用正常的速度读这篇故事。
8. 提醒学生如果他们听到他们的词语而没有做出反应,助手就会从黑板上擦掉他们的名字。

■ **1.30　用 10 到 25 分钟进行小组活动**

活动主题:猜测顺序

能力要求:视力、听力、语言

兴趣水平:学前、小学

材料:6—10 个常见的教室用品、铝箔、废纸篓

1. 收集 6—10 个物件并用铝箔包装起来。
2. 告诉学生这个游戏的复杂之处在于记住这些物件被放进废纸篓的先后顺序。
3. 向学生展示这些用铝箔纸包装的物件,并让他们猜测这些物件是什么。一次展示一件。
4. 把学生猜中的物件重新包好放进废纸篓。
5. 让学生轮流猜测废纸篓里这些物件的正确顺序。
6. 在每个人都做了猜测之后,按顺序向学生展示废纸篓里的物件。

■ **1.31　在无人监管下用一整节课的时间进行任务活动**

活动主题:方格填充

能力要求:视力、听力

兴趣水平:小学、初中学生、青少年

材料:方格纸、水彩笔、胶带、奖品

1. 把一张方格纸贴在一名学生的课桌上。
2. 告诉学生方格纸是用来记录这名学生对课上作业的专心程度。
3. 确定需要填充多少个方格才能得到奖品。
4. 开始时在短时间内填充一个方格,然后把时间限度扩展到一整节课。
5. 给学生布置任务,然后在屋子里走动。一边留意第一个学生,一边帮助其他学生。
6. 如果第一个学生一直在没有帮助的情况下工作,每隔 5 到 10 分钟回到他身边并填充一个方格。
7. 当填充了预定数量的方格时就奖励这名学生。
8. 把这个过程重复几遍,然后增加时长并减少所需方格的数量,直到这名学生整节课上都专心上课。

■ 1.32 用一整节课或指定的时间进行小组活动

活动主题：熊猫陪伴

能力要求：视力

兴趣水平：学前、小学

材料：毡布、豆子

1. 用毡布和豆子做几个熊猫头形状的袋子。
2. 告诉学生上课最安静的人可以让熊猫在他的桌子上待上一段时间，只要他在此期间努力学习。
3. 根据需要设定和改变时间长度或要求来实现目的。
4. 经常在学生中走动，以便确定是否需要改变熊猫的位置。
5. 把熊猫奖给学生的时候要对该生表扬。
6. 根据需要制作和使用尽可能多的熊猫。

■ 1.33 当分散注意力的事物出现时仍然坚持 0 到 5 分钟

活动主题：抵制诱惑

能力要求：视力、动手能力

兴趣水平：小学、中学

材料：纸、分散注意力的东西、计时器

1. 布置一项简单的任务。这项任务大约需要 5 分钟的时间来完成。
2. 告诉学生他们将有 5 分钟的时间来完成任务。在此期间，教师尝试着分散他们的注意力。
3. 完成任务的学生将得到奖励。
4. 用计时器设定时间。
5. 在房间里走动，制造噪音、指着一些东西、唱歌等。
6. 计时器的铃声响起后，讨论哪些分散注意力的东西最难被忽视、为什么。把这些同教室内的典型的干扰因素联系起来。
7. 增加任务所需的时间，直到这段时间等于一整节课的时间。

一、注 意

■ **1.34** 当分散注意力的事物出现时仍然坚持 5 到 10 分钟

活动主题:抵制诱惑
能力要求:视力、听力、动手能力
兴趣水平:学前、小学
材料:纸板、木珠、音乐、细绳、水彩笔

1. 开展让学生用细绳串木珠的活动。
2. 告诉学生看一看任务卡,然后用细绳和木珠做出任务卡上的形状。
3. 用第一张任务卡示范这个过程。
4. 在任务进行中播放音乐来分散学生的注意力。
5. 查看每张任务卡和珠子"复制品"。
6. 对于正确的行为提出表扬。

■ **1.35** 出现分散注意力的事物时仍然坚持 10 到 25 分钟

活动主题:抵制诱惑
能力要求:视力、动手能力
兴趣水平:小学、中学
材料:纸板、蜡笔、计算器、水彩笔、塑料套筒、铅笔

1. 准备一套用于加法运算的任务卡。
2. 把每张任务卡放在一个塑料套筒上。
3. 找同桌的两名学生。
4. 发给其中一名学生一个或一个以上的任务卡、一支蜡笔和一个计算器。
5. 让这名学生进行加法运算并用计算器自我检查。
6. 发给另一名学生一支铅笔、一张纸和一个拼写生词的单子。
7. 让这名学生列出所有的生词并且对照单子核对他的拼写。
8. 设定时间并且对完成任务的学生给予奖励。
9. 对正确完成任务的学生进行奖励并表扬其专注的行为。

■ **1.36** 出现分散注意力的事物时仍然坚持 25 到 40 分钟

参见 1.35

— 19 —

二、任务的完成

■ **2.01** 只有在教师的不断提醒下才开始一项任务；需要持续强化

活动主题：拼板游戏
能力要求：视力、动手能力
兴趣水平：学前、小学
材料：拼图板、计时器、强化物

1. 把一块缺了一部分图案的拼图板放在学生面前。
2. 把计时器设定为不超过1分钟。
3. 为学生做示范。
4. 把缺失的一部分捡起来放在拼图板上，说："你看，说开始做，我就做了。"按铃。
6. 把一块缺失了一部分的拼图板交给学生并说："在铃响之前把这部分放好。"
7. 把计时器设定为少于1分钟。
8. 如果需要，可手把手帮助学生。
9. 逐步减少对学生的帮助，直到他能够独立完成任务。
10. 表扬立即执行任务的学生。

■ **2.02** 在下课前的一段时间开始一项任务；教师不提醒；没有注意力方面的强化

活动主题：填装鸡蛋
能力要求：视力、听力、动手能力
兴趣水平：学前、小学、中学
材料：厚纸、蜡笔、报纸、剪刀、订书机

1. 用厚纸为每个学生剪出两个鸡蛋形状（约30 cm×48 cm）。

2. 把两个鸡蛋形状用订书机订在一起,留下一个 12 到 20 cm 的缺口。
3. 把旧报纸剪成碎片,每片大小适中。
4. 大约在课间休息前的 10—15 分钟为每个学生摆上足够多的材料。
5. 让学生用蜡笔涂饰鸡蛋的两侧,然后把报纸揉皱并填充这些鸡蛋。
6. 告诉学生奖励方法:活动开始马上行动的人将在休息时获得额外的自由时间。
7. 在教室里走动巡视,并且在学生填充好鸡蛋之后帮他们用订书机把鸡蛋订好。
8. 到了休息时间就让那些至少已经开始填鸡蛋的学生出去休息。

2.03 在规定时间提示下学生开始一项任务(如:清理)

活动主题:上下班打卡
能力要求:视力、动手能力
兴趣水平:中学生、青少年
材料:闹钟

1. 准备带有两个空白钟面的工作时间表,一面标上"上班",另一面标上"下班"。
2. 告诉学生在机构、商店或工厂,工人们开始工作之前要"打上班卡";离开之前要"打下班卡"。
3. 如果可能的话,开展一次实地考察,参观上、下班打卡情景。
4. 和学生一起研究如何根据数字钟表或常规钟表来填充这个空白的钟。
5. 告诉学生在收到让他们开始工作的信号时就开始把上班的时间填进"上班钟"。
6. 让学生在"下班钟"上写下他们完成工作的时间。
7. 在布置任务之前,确保每个学生都理解怎样全面和准确地填写卡片。
8. 把一个数字时钟放在一个明显的位置上。
9. 提供一个"打卡盒"让学生们把完成的上、下班时间卡放在里面。
10. 奖励每一个正确完成时间卡的学生。

2.04 在没有提示的情况下,在规定时间开始一项任务

活动主题:图画涂色
能力要求:视力

兴趣水平：学前、小学

材料：计时器、时间标签、白描图画、水彩笔

1. 制作几张奖票，票面上写着"领先者"的字样。
2. 告诉学生们，老师将观察那些一听到指令就马上动手去做的学生。
3. 布置图画涂色任务。
4. 在定时器上设定你想要的时间长度。
5. 对于那些在计时器铃声响起的时候已经开始行动的同学给予奖票。
6. 逐步减少学生在收到奖票之前开始动手的时间，来改变计时器上所设定的时长。

■ 2.05　在持续专心或强化的情况下完成 0—10% 的任务

活动主题：拼图游戏

能力要求：视力、动手能力

兴趣水平：学前、小学

材料：拼图

1. 把简单的拼图放在学生前面。
2. 去掉一块拼图。
3. 说："拼入"并做示范动作。
4. 如果有必要就帮助学生。
5. 逐步减少帮助，直到学生能独立把缺失的部分拼进去。
6. 表扬学生。
7. 去掉两块拼图，重复上面的步骤。
8. 每次多去掉一块拼图并继续这个程序，直到学生能组装整个拼图。

■ 2.06　只在一定程度的专注或强化下完成 0—10% 的任务

活动主题：拼图游戏

能力要求：视力、听力、动手能力

兴趣水平：学前、小学

材料：拼图、桌子、椅子、不透明胶带、各种玩具

二、任务的完成

1. 用不透明胶带遮盖住拼图,只露出一个长条。
2. 让学生坐在桌子旁边。
3. 把一片适当的拼图交给学生。
4. 让学生把这片拼图拼在没有被遮住的地方。
5. 如果学生正确完成了任务,允许他选择另外一项自己最喜欢的活动。
6. 如果学生把拼图拼错了位置,对他给予指导。
7. 如果学生尝试了3次之后仍然出错,选择另外一项活动。

■ **2.07　在几乎无须专注或强化下完成 0—10% 的任务**

活动主题:拼图游戏
能力要求:视力、听力、动手能力
兴趣水平:学前、小学
材料:拼图、桌子、椅子、不透明胶带、各种玩具、小礼品

1. 用不透明胶带遮盖住拼图,只露出一个长条。
2. 让学生坐在桌子旁边。
3. 把一片适当的拼图交给学生。
4. 让学生把这片拼图拼在没有被遮住的地方。
5. 坐在桌子旁边观察。
6. 如果学生正确完成了任务,允许他选择另外一项自己最喜欢的活动。
7. 如果学生尝试了3次之后仍然出错,选择另外一项活动。

■ **2.08　在持续的专注或强化下完成 10%—25% 的任务**

活动主题:蒙空做题
能力要求:视力、动手能力
兴趣水平:学前、小学
材料:纸板、纸、铅笔、笔

1. 剪一个约 24 cm×28 cm 的纸板。
2. 在靠近纸板的顶端处剪一个约 5 cm×15 cm 的孔。
3. 编写一个作业单,上面写上四行活动内容,如:加法、数字或字母识别等。

— 23 —

4 + 3 =	6 + 1 =
2 + 2 =	5 + 0 =
7 + 1 =	2 + 3 =
0 + 4 =	3 + 6 =

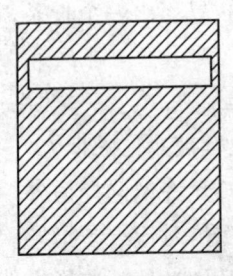

4 + 3 =	6 + 1 =
2 + 2 =	5 + 0 =
7 + 1 =	2 + 3 =
0 + 4 =	3 + 6 =

4. 用纸板把作业单遮住,只在纸板的孔里露出第一行题目。
5. 告诉学生他的任务是做出孔里露出来的这些题目。
6. 学生每做对一道题,就奖给他一些小礼品。
7. 让学生把题目都做完。如果有错误就让他再试一遍。
8. 随着学生能力的增强,在纸板上剪出更大的孔从而多露出几行题目。

■ 2.09 只在一定程度的专注或强化下完成 10%—25%的任务

活动主题: 拼图游戏

能力要求: 视力、听力、动手能力

兴趣水平: 学前、小学

材料: 拼图、桌子、椅子、不透明胶带、各种玩具

1. 用不透明胶带遮盖住拼图,只露出一个长条。
2. 让学生坐在桌子旁边。
3. 把一片适当的拼图交给学生。
4. 让学生把这片拼图拼在没有被遮住的地方。
5. 学生拼完指定的地方后,把胶带移开一点儿,再多露出一块儿面积。
6. 如果学生正确完成了任务,允许他选择另外一项自己最喜欢的活动。
7. 如果学生尝试了 3 次之后仍然出错,选择另外一项活动。

■ 2.10 在几乎无须专注或强化下完成 10%—25%的任务

活动主题: 拼图游戏

能力要求: 视力、听力、动手能力

兴趣水平: 学前、小学

材料：拼图、桌子、椅子、不透明胶带、各种玩具

1. 用不透明胶带遮盖住拼图,露出 2—3 个长条。
2. 让学生坐在桌子旁边。
3. 把一片适当的拼图交给学生。
4. 让学生把这片拼图拼在没有被遮住的地方。
5. 如果学生正确完成了任务,允许他选择另外一项自己最喜欢的活动。
6. 教师安静地坐在桌子旁边观察。
7. 如果学生需要帮助,就指导他拼拼图。
8. 如果学生尝试了 3 次之后仍然出错,选择另外一项活动。

■ 2.11　在持续的专注或强化下完成 25%—50% 的任务

活动主题：拼图游戏
能力要求：视力、听力、动手能力
兴趣水平：学前、小学

材料：拼图、桌子、椅子、不透明胶带、各种玩具

1. 用胶带遮盖住拼图,只露出 1 个长条。
2. 让学生坐在桌子旁边。
3. 在整个活动过程中教师坐在学生的旁边。
4. 把一片适当的拼图交给学生。
5. 让学生把这片拼图拼在没有被遮住的地方。
6. 学生把指定的地方拼完后,把胶带移开一点儿,再多露出一块儿面积。
7. 把另一片适当的拼图交给学生。
8. 如果学生正确完成了任务,允许他选择另外一项自己最喜欢的活动。
9. 如果学生尝试了 3 次之后仍然出错,选择另外一项活动。

■ 2.12　在一定程度的专注或强化下完成 25%—50% 的任务

活动主题：插卡游戏
能力要求：视力、听力、动手能力
兴趣水平：学前、小学

1. 制作一个约 5 cm 高的"笑脸"。
2. 在约 8 cm×12 cm 的空白纸卡片上写一些想要让学生学习的词语或其他内容。
3. 把这些卡片的数量限定在比学生通常完成的卡片要多 1 至 2 张。
4. 把这些卡片放在插卡表口袋里。
5. 把"笑脸"藏在一张卡片的后面。
6. 告诉学生当他选择了这张藏着"笑脸"的卡片并正确回答出问题的时候,他就是获胜者。
7. 让学生选择卡片并回答问题,然后再查看"笑脸"是否在那里。
8. 如果学生回答正确,就让他把卡片留下。

■ **2.13 在几乎无须专注或强化下完成 25%—50% 的任务**

活动主题:插卡游戏

能力要求:视力、听力、动手能力

兴趣水平:学前、小学

材料:图表口袋或粉笔盒、水彩笔、纸板

1. 制作一个 5 cm 高的笑脸。
2. 在 8 cm×12 cm 的空白纸卡片上写一些你想要让学生学习的词语或其他内容。
3. 把这些卡片的数量限定在比学生通常完成的卡片要多 1 至 2 张。
4. 把这些卡片放在图表口袋里。
5. 把笑脸藏在一张卡片的后面。
6. 告诉学生当他选择了这张藏着"笑脸"的卡片并正确回答出问题的时候,他就是获胜者。
7. 让学生选择卡片并回答问题,然后再查看"笑脸"是否在那里。
8. 如果学生回答正确,就让他把卡片留下。

■ **2.14 在持续的专注或强化下完成 50%—75% 的任务**

活动主题:拼图游戏

能力要求:视力、听力、动手能力

兴趣水平：学前、小学

材料：拼图、奖品、计时器

1. 准备拼图，确保学生能够完成它。
2. 用卡片来记录学生的成绩。
3. 告诉学生拼图，直到计时器的铃声响起为止。
4. 把计时器设定为1分钟。
5. 学生每拼对一片拼图就得到1分。
6. 重新设定计时器并重复这个过程，直到拼图全部被拼完。
7. 延长设定的时间段。
8. 当学生打破他自己每分钟所拼拼图的数量记录时，给予奖励。

2.15 在一定程度的专注或强化下完成50%—75%的任务

活动主题：挂垫圈

能力要求：视力、听力、动手能力

兴趣水平：学前、小学

材料：胶合板、钩子、垫圈、图画纸

1. 为特定的学生选择有趣的活动或奖励。
2. 准备一块约30 cm×40 cm胶合板并把它用图画纸或布遮盖住。
3. 买10个挂杯子用的钩子和10个金属垫圈。
4. 把钩子拧进胶合板。
5. 告诉学生他的任务是把一个垫圈挂在钩子上。
6. 拿出10个小礼物并告诉学生，他每次挂上一个垫圈都会得到一份礼物。另外还有1份礼物是准备奖励他完成全部任务的。
7. 给学生做示范。
8. 跟学生在一起，但是不让学生感觉教师始终在关注他。
9. 在适当的时间停止活动并数一下被挂好的垫圈。
10. 奖励学生。如果他还没有完成，提醒他下次可以通过完成全部任务来获得一份特殊的奖品。

■ 2.16　在几乎无须专注或强化下完成50%—75%的任务

　　活动主题:挑战游戏
　　能力要求:视力、动手能力
　　兴趣水平:学前、小学
　　材料:计时器、纸、铅笔、食物

1. 告诉学生老师将会用计时器设定一段时间。
2. 给学生布置一项书写任务。
3. 告诉学生:想要获得奖励,当计时器的铃声响起的时候,他的铅笔必须正在纸上书写。
4. 随着学生越来越成功,把时间延长些。
5. 改变要求:想要获得奖励,学生必须在铃声响起之前完成任务。
6. 可把这一方法用于任何任务。

■ 2.17　在持续的专注或强化下完成75%—100%的任务

　　活动主题:卡片涂色
　　能力要求:视力
　　兴趣水平:学前、小学
　　材料:空白纸卡、水彩笔

1. 制作卡片,卡片上带有可以涂色的彩虹。
2. 在每个学生的课桌上贴一张卡片。
3. 布置一项分组完成的任务,如抄写三段短文。
4. 学生完成第一段短文任务后,允许他给彩虹的一个光带涂色。
5. 继续这样的操作,直到任务完成了,彩虹的颜色也都涂上了。
6. 让学生彼此交换涂好颜色的彩虹作为奖励。

■ 2.18　只在一定程度的专注或强化下完成75%—100%的任务

　　活动主题:计时完成任务
　　能力要求:视力、动手能力

兴趣水平:小学、中学

材料:隐形墨水

1. 选择一项需要教师鼓励的任务。
2. 用隐形墨水写出答案作为完成任务的奖品。
3. 提出完成任务的要求。例如:学生必须在 20 分钟内在自己的座位上完成数学试卷。
4. 用计时器设定时间并让学生自己单独去做。
5. 如果学生完成了任务,把一支能让隐形墨水显现的笔送给他。
6. 如果学生的答案正确,给予表扬和奖励。

2.19 在几乎无须专注或强化下完成 75%—100% 的任务

活动主题:卡片打孔

能力要求:视力、动手能力

兴趣水平:小学、中学

材料:卡片、打孔机

1. 准备用来打孔的卡片。
2. 每个学生"工作"20 分钟就可以挣得 3 分。
3. 每次用打孔机打一个孔(轻轻地把打孔机对准需要打孔的地方;完成布置的任务;清理)。
4. 在学生每次把他的卡片打上孔之后都给予称赞。
5. 对学生的要求保持前后一致。
6. 告诉学生如果他那一天打孔的数量多,可以获得奖品。
7. 针对学生的品行表现(如:控制脾气、乐于分享等)酌情加分。

2.20 完成 100% 的任务

活动主题:活动奖励

能力要求:视力、听力、动手能力

兴趣水平:学前、小学、中学

材料:纸、笔、活动

1. 准备一个"活动奖励"表(如游戏、拼图、额外的休息等)。
2. 和学生讨论这个表中列出的活动。
3. 让每个学生写下他最喜欢的三个项目。
4. 布置一项任务来让学生完成。
5. 在每个学生完成任务后都奖励他参加自己所选择的活动。

■ 2.21 根据实际情况确定什么时候完成任务

活动主题:亮灯游戏

能力要求:视力、动手能力

兴趣水平:小学、中学、青少年

材料:纸板、水彩笔、纸、笔

1. 用纸板做成红、绿灯。
2. 告诉学生绿灯表示"开始",红灯表示"停止"。
3. 当任务开始的时候把绿灯放在学生的课桌上。
4. 让学生在他自己认为任务完成的时候把红灯放在课桌上。
5. 学生完成任务后,对他给予奖励。

■ 2.22 用 0—25%的时间按照规定的顺序完成任务

活动主题:守时按序完成任务

能力要求:视力、听力、动手能力

兴趣水平:学前、小学、中学

材料:计时器

1. 提前准备任务所需的所有材料。
2. 给学生布置四项任务,一次布置一项。
3. 解释一项任务不超过三分钟。
4. 让学生在听到铃声的时候就停止活动并听老师介绍下一项任务的说明。
5. 3分钟时间到的时候就按铃。
6. 表扬反应迅速的学生。

2.23 用50%—75%的时间按照规定的顺序完成任务

活动主题：儿歌表演

能力要求：走动、听力、语言

兴趣水平：学前、小学、中学

1. 教给学生唱下面的歌：
   "两只小手拍拍拍，
   两只小脚跺跺跺，
   两只小手捶捶捶，
   两只小脚跳跳跳，
   一个小身子转过来，
   一个小身子坐下来。"
2. 给学生示范怎样一边唱歌一边做动作。
3. 让学生分组练习几遍。
4. 让一个自告奋勇的学生上来表演动作，同时让其他学生在下面唱歌。
5. 如果学生们想要上前表演，就让他们轮流做动作。
6. 奖励学生们按正确顺序完成了动作。

2.24 用75%—100%的时间按照规定的顺序完成任务

活动主题：按序作业

能力要求：视力、动手能力

兴趣水平：小学、中学生、青少年

材料：8 cm×12 cm卡片、笔、纸、铅笔

1. 发给学生标有顺序号的作业单。
2. 制作带有号码的卡片并把它们按顺序挂在钉子上。
3. 把钉子固定在布告牌或学生的课桌上。
4. 让学生取下卡片号码以及带有相同号码的作业单。
5. 要求学生完成任务后把作业单交给老师。
6. 奖励完成任务的学生。
7. 继续下去，直到所有的作业单都完成。

■ **2.25** 在上交已经完成的作业前,先检查或核对自己的作业

活动主题:作业检查
能力要求:视力、动手能力
兴趣水平:小学、中学生、青少年、成年人
材料:纸、笔

1. 在学生完成一项任务活动之前,为他提供一份检查表,表中列出他必须完成的各项要求。
2. 要求学生在每完成一项作业之后,都必须检查。
3. 示范如何检查和核对作业。
4. 展示如何在检查表上适当的地方做标记。
5. 查看学生的检查表并根据他检查作业的表现给予奖励。

■ **2.26** 100%完成任务,并校对或检查作业以确认任务的完成

活动主题:作业检查
能力要求:视力
兴趣水平:小学、中学生、青少年、成年人
材料:纸、笔

1. 准备一段文章,让里面的句子遵循明显的逻辑顺序。
2. 打乱句子的顺序并且把这些句子列在一张作业单上。
3. 告诉学生他们将要给这些句子标上正确的顺序号。
4. 对回答正确的学生给予奖品或奖励。
5. 如有需要就帮助学生完成任务。
6. 和学生一起纠错并立即强化。

■ **2.27** 100%完成任务,校对并纠正错误

活动主题:作业检查
能力要求:视力、动手能力

兴趣水平：小学、中学生、青少年、成年人

材料：纸、笔

1. 告诉学生老师是"效率专家"。
2. 给"工人们"开一次会，并制订一张细节检查表。这张检查表能够改善他们的工作方法、核对他们的工作。
3. 给学生一张检查表。
4. 让学生开始进行任务活动并且在完成任务的时候举手。
5. 在学生做对的项目栏上做记号并给予奖励。

2.28　按照范例或标准来检查工作

活动主题：作业检查

能力要求：视力、动手能力

兴趣水平：小学、中学生、青少年、成年人

材料：纸、铅笔、彩笔、桌子、椅子

1. 在教室里提供一个"检验员之角"。
2. 包括桌子、椅子、彩笔和铅笔。
3. 把标准答案摆在这个角落里的醒目位置。
4. 解释检查工作的程序（使用标准答案，用不同的颜色标出自己的正确答案，检查完毕后把答案和笔放回原处）。
5. 表扬独立检查作业的学生。

2.29　100%完成任务，在提醒下改正错误并开始新任务

活动主题：作业检查

能力要求：视力

兴趣水平：小学、中学生、青少年

材料：胶带、照片、胶水、硬纸板、剪刀

1. 准备椭圆轨道游戏板，上面标有长度单位"米"的标记。
2. 把每个学生的照片分别贴在"赛跑运动员"上。
3. 告诉学生他们每天都要完成一个任务单。

4. 学生每完成并检查了一项任务,就把他的"赛跑运动员"照片向着终点线移动一定的距离。

■ **2.30** 100%完成任务,并独立开始新任务

活动主题:作业检查

能力要求:视力、动手能力

兴趣水平:小学、中学生、青少年、成年人

材料:图画纸、纸、铅笔、小礼物

1. 至少准备16项活动,这些活动要简单到让学生可以独立完成(如:点对点连线、迷宫、填字游戏等)。
2. 把所有的活动都列在作业清单上,并且在星期一把作业单和一个文件夹发给学生。
3. 告诉学生们要在星期一到星期五期间至少选择10项任务来完成。
4. 建议学生每天做两项。
5. 告诉学生必须在单子上把已经完成的任务圈起来,并且把这个单子连同完成的任务一并交上来,才能获得学分。
6. 提供示范。
7. 奖励负责任的行为。
8. 增加任务数量,对于那些能够完成100项活动的学生给予特别的奖励。

三、出勤/及时性

■ **3.01 平均每周5天中有1天出勤**

活动主题：家校讨论会
兴趣水平：成年人
材料：纸、电话
1. 要求在学校里开一次入学前的讨论会,以便让学生家长熟悉学生新的学习环境。
2. 营造温暖、和谐开放的气氛。
3. 强调积极面。
4. 询问家长对于孩子的长远建议、目标。
5. 讨论学校计划以及如何满足学生的需要。
6. 强调一致性和家庭跟进的重要性。
7. 为了实现学生的最佳发展,分享交流家校之间沟通的想法。
8. 提醒家长日常出勤的重要性。

■ **3.02 只有在经过2次或多次提醒后才出席活动**

活动主题：视觉提示
能力要求：走动、视力、听力
兴趣水平：学前、小学
材料：活动中的视觉提示。
1. 召集学生,告知其关于视觉提示活动的一些要求(如:举起鼓来表示音乐)。
2. 可请助手指导学生参加活动。
3. 再次召集学生并拿出某个物件。
4. 学生一到活动地点就对他给予奖励。
5. 随着学生对情况的熟悉,逐渐减少助手的指导。
6. 逐渐取消视觉提示。

■ 3.03　平均每周5天中有2天出勤

活动主题:代币奖励

能力要求:视力、听力

兴趣水平:学前、小学、中学生、青少年

材料:2个图表、奖品

1. 制作2个图表并告知学生如果他每天来到学校就可以收到一颗星星。
2. 让学生挑选他想要获得的奖品。
3. 把奖品或奖品的图片贴在图表上。
4. 告诉学生如果他一星期内得到两颗星星,他就可以获得一份奖品。
5. 把1个图表送给学生,让学生的父母使用。
6. 对这位学生的到校情况格外重视。
7. 在全班同学的见证下把星星贴在他的图表上。
8. 提醒学生记着这个图表,并且在他每天放学回家前奖励他。
9. 把便条寄到学生家以便提醒学生的父母强化他的进步。

■ 3.04　平均每周5天中有3天出勤

活动主题:家校沟通合作

兴趣水平:成年人

材料:纸、电话

1. 开始和学生父母沟通,询问学生的身体怎样、近况如何。学生这么多天不能正常上学也许有正当的原因。
2. 谈论你很喜欢让这名学生来上课,他在校的各种积极表现。
3. 谈论上学连贯性以及连贯性对于学习的重要性。
4. 酌情安排日后家访的时间。
5. 强化家校之间的坦诚沟通。

■ 3.05　平均每周5天中有4天出勤

活动主题:自我监控与奖励

能力要求:视力

兴趣水平:小学、中学生

材料:档案卡、笑脸图章、奖品、水彩笔

1. 用档案卡或电脑制作一个时间卡。
2. 时间卡里面包括学生的名字和每周出勤的几天时间。
3. 了解学生愿意为之努力的奖励是什么。
4. 告诉学生他每天来上学的时候,老师都会在时间卡的日期上盖一个带有笑脸的图章。
5. 告知学生如果想要获得奖品,每周最多只能缺席一天。
6. 如果学生成功做到了,给予奖励。

3.06 一周中每天的上学时间都出勤

活动主题:自我监控与奖励

能力要求:视力

兴趣水平:小学、中学生、青少年

材料:档案卡、奖品、水彩笔

1. 用档案卡或电脑制作一个时间卡。
2. 时间卡里面包括学生的名字和每周出勤的几天时间。
3. 了解学生愿意为之努力的奖励是什么。
4. 告诉学生他每天来上学的时候,老师都会在时间卡的那一天上盖一个带有笑脸的图章。
5. 告诉学生如果要获得奖品,这周每天都要上学。
6. 如果学生成功做到了,给予奖励。

3.07 在特定时间独立来参加活动

活动主题:代币强化

能力要求:视力

兴趣水平:小学、中学生

材料:水彩笔、工作单、纸

1. 先准备一份可以在上面画星星图案的工作单,然后把工作单复制多份,使学

生人手一份。
2. 告诉学生必须按时参加活动,以便每次都能获得一颗星星。

日期		姓名		活动	
根据要求准时参与集体活动	星期一 ★	星期二	星期三	星期四	星期五

3. 把工作单的展示作为一项活动,当学生就座后用笔在工作单上面画一颗星星(如图所示)。
4. 在周末前分发这些工作单并让学生带回家。
5. 奖励那些获得较多星星的学生。

■ 3.08 及时到达,在特定时间待在适当的地方

活动主题:家校合作

能力要求:走动、视力、听力

兴趣水平:小学、中学生

材料:纸板、水彩笔

1. 询问学生父母是否愿意合作,让学生独立来上学。
2. 准备"独立"卡,上面列出一周中的每一天并留出星星的位置。
3. 把卡片交给学生家长,并要求学生必须在很少催促或不加催促的情况下独立到校。
4. 如果学生已经准备好自己上学了,让学生父母每天在学生离开之前在卡片上放一颗星星。
5. 向学生解释这个过程并确定学生愿意为之努力的奖品。
6. 每天检查卡片并对学生获得的每一颗星星给予奖励。

3.09　按时到达预定的活动(午饭、晚饭、约会)地点

活动主题:视觉提示
能力要求:视力、听力、语言
兴趣水平:学前、小学
材料:活动的视觉提示

1. 召集学生并告知其关于视觉提示的活动的一些要求(如:举起鼓来表示音乐)。
2. 让助手指导学生参加活动。
3. 再次召集学生并拿出某个物件。
4. 学生一到活动地点就对他给予奖励。
5. 随着学生对情况的熟悉,逐渐减少助手的指导。
6. 逐渐取消视觉提示。

四、阅 读

■ 4.01 把书当作玩具

活动主题:书本涂色
能力要求:视力、动手能力
兴趣水平:学前、小学
材料:蜡笔、大样张书、杂志等

1. 准备一些可以让学生在上面涂色的大书或杂志。
2. 把这本书放在教室里,让学生自己来发现。
3. 让学生坐在书或杂志前面的地板上。
4. 让学生看书里面的图片。
5. 为学生提供大蜡笔,以便让他们在书页上涂色。
6. 奖励在书页上涂色或翻页的做法。

■ 4.02 打开书,让正确的一面朝上

活动主题:正确打开书本
能力要求:视力、动手能力
兴趣水平:学前
材料:打孔机、便签纸、缎带、水彩笔

1. 收集2套完全相同的图片。
2. 在图片一侧的边缘处打孔,以便装订。
3. 准备封皮并打上装订用的孔。
4. 把缎带从孔里穿过去然后打结,以便把所有的图片和封皮装订成一本书。
5. 把第2套图片摆放在桌子上。让一部分上下颠倒,其余的正常放置。
6. 和学生一起看这些图片。

7. 询问这些图片摆放得是否适当。
8. 如果他不确定,谈论图片中有什么物体并努力找到一些类似的真实物体让他看。
9. 继续下去,直到充分讨论了每张图片。
10. 给学生看这本同样正确装订的图画书。
11. 让学生打开书,正确的一面朝上。
12. 如果学生出了错,重新让他看一些单独摆放的图片。
13. 让他把单独的图片摆好,然后和图画书比对一下。

4.03 一次翻2到3页

活动主题:翻2到3页书
能力要求:视力、听力、动手能力
兴趣水平:小学、中学生
材料:书、秒表、图片

1. 准备图画书,里面至少包含10个差别很大的图片。
2. 发给每个学生一本图画书。
3. 翻书并选择一个图片。
4. 向学生展示这张图片并做简短的口头描述。
5. 告诉学生翻阅这本书,从书中寻找相同的图片,找到的时候就举手。
6. 不管学生用了多长时间,只要他们做出正确的反应,就给予表扬。
7. 逐渐加大难度,如:限定时间或者让学生比赛谁是第一个找到图片的人。

4.04 指出关于相似物体的图片

活动主题:阅读卡片并配对
能力要求:视力、听力、动手能力
兴趣水平:学前、小学
材料:图片卡、索引卡、笔、记号笔

1. 用图片卡在地板上摆成竞赛跑道的形状,上面带有起跑线和终点线。
2. 准备一套相应的卡片,卡片上有相同的图片和物体的名字。
3. 把这些相同的卡片堆在一起。

4. 发给每个学生一支记号笔。

5. 让每个学生选择一张卡片并把它递给老师。

6. 读出卡片上物体的名字,让学生指出并走向那个相应的图片卡。

7. 如果学生反应正确就让学生走向图片卡。

8. 如果学生反应错误,指出正确的图片卡并让他待在原地不动。

9. 第一个走过竞赛跑道的学生是获胜者。

4.05 一次翻 1 页

活动主题:翻 1 页书

能力要求:视力、听力、动手能力

兴趣水平:学前、小学

材料:纸、照片、笔记本

1. 准备 10 张照片,照片上是学生自己家里的物品。

2. 把每张照片分别裱在一张厚的白纸上。

3. 把每张纸分别放进一个活页的笔记本中。

4. 让学生坐在桌子旁边,学生与教师面对面或在教师旁边。向学生介绍他"自己的"书。

5. 让学生摸一摸每张照片。

6. 继续这项活动,直到学生能够独立地翻页并找到想看的图片。

7. 随着学生能接受的词汇的增加,增加照片的数量。

4.06 对物体进行颜色、大小和形状的匹配

活动主题:阅读卡片并配对

能力要求:视力、动手能力

兴趣水平:学前、小学

材料:索引卡、水彩笔、信封

1. 把 48 张卡片分成 6 组,每组有 8 个不同的形状。

2. 把这些卡片打乱顺序后装进信封。

3. 发给每个学生一张信封。

四、阅 读

4. 让学生把卡片一个一个地拿出来并把匹配的卡片放在一堆。
5. 学生拿出信封里所有的卡片并堆放好之后,检查他所堆放的卡片。
6. 如果学生放错了卡片,告诉他那张卡片应该归于哪一堆,并让他再试一次。

4.07 重新设计数字、颜色和方向等图案

活动主题:钉板图案设计
能力要求:视力、动手能力
兴趣水平:学前、小学
材料:小钉板、水彩笔

1. 用纸板裁出一些约 30 cm×30 cm 的卡片。
2. 把一张卡片放在小钉板上,在卡片上利用钉板小孔的位置,画出图案。
3. 在这些小孔的位置上打孔。
4. 把打上孔的卡片用作漏字板盖在其他卡片上,画出图案,包括各种颜色、方向和数字。
5. 把卡片粘贴在小钉板上,让学生重新设计图案。

4.08 按照逻辑顺序从左向右放置 5 张图片

活动主题:图片阅读排序
能力要求:视力、动手能力
兴趣水平:学前、小学、中学生、青少年
材料:连环画、纸板、糨糊、水彩笔

1. 从杂志或网上收集几套不同的连环画。
2. 把每套连环画分别裱在一张纸板上。
3. 在纸板的背面分别标出每张图片的序号,然后把这几张图片分别剪下来。
4. 打乱图片的顺序并把这些图片放在学生前面的桌子上。
5. 让学生看一看每张图片并试着把这些图片按照逻辑顺序摆回原位。
6. 让学生把图片反过来,看一看数字的顺序是否正确。
7. 如果学生出了错,讨论每张图片并帮他把图片摆放好。
8. 打乱图片的顺序并让学生再次把图片摆回原位。

■ 4.09　从一组差异很大的字(词)中找出相同的字(词)

活动主题:字(词)匹配

能力要求:视力、动手能力

兴趣水平:学前、小学

材料:纸、笔、塑料薄膜文件夹、蜡笔

1. 在纸的左边打印一些学生所熟悉的字(词)。
2. 在同一张纸的右边用不同的顺序打印出左边的字(词)。
3. 把这张纸放在纸质文件夹里以便使用蜡笔。如果用铅笔在纸上做练习,还可以为每个学生复印一份供练习使用。
4. 在分发这些练习纸之前,教师先在黑板上做示范。
5. 让学生把左边和右边的相同字(词)连线。
6. 如果学生不会匹配这些字(词),让他把重复的字(词)装裱到纸板边框内的描图纸上。
7. 让学生把边框移到这些字(词)的上面,直到他能够借助描图纸来匹配字(词)。

■ 4.10　从一组书写相似的字(词)中找出相同的字(词)来匹配

活动主题:字(词)匹配

能力要求:视力、动手能力

兴趣水平:学前、小学、中学生

材料:纸和笔

1. 在纸的左边打印一些学生所熟悉的字(词)。
2. 在同一张纸的右边用不同的顺序打印左边的单词。
3. 用带有角度的直线把匹配的字(词)连起来(如图所示)。

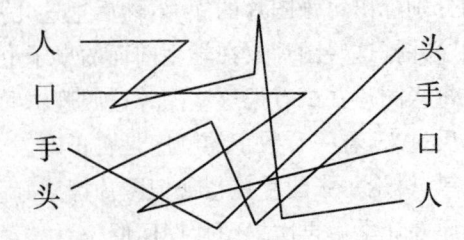

```
人          头
口          手
手          口
头          人
```

4. 发给学生作业纸和4支不同的蜡笔或铅笔。

5. 让学生为每个字(词)分别选择一种颜色。

6. 让学生找出匹配的字(词)并用蜡笔或钢笔追踪它们之间的连线。

7. 检查不正确的匹配并让学生再试一遍。

8. 通过让学生画出自己的直线来增大难度。

9. 教师可根据学生情况,增加同一字(词)的楷书、行书,或简体、繁体进行配对练习。

4.11 读出书面字(词)中的声母字母

活动主题:阅读声母字母

能力要求:视力、语言

兴趣水平:学前、小学

材料:索引卡、水彩笔、纸板

1. 在约8 cm×12 cm的卡片上写出汉语拼音声母字母表中的每一个字母。

2. 在每个学生的课桌上贴一个声母字母。

3. 制作一个图表,上面有学生的名字和用来填写分数的空间。

4. 让学生坐在各自的座位上并给他们展示这张图表。

5. 告诉学生,如果教师叫到他们的名字时,他们能够说出自己课桌上的声母字母,他们就可以得分。

6. 当所有的学生都轮流回答问题之后,让他们全部移到旁边的课桌。继续这样做下去。

7. 指出得分最多的学生就是获胜者。

4.12 读出"大""小"等字的发音

活动主题:区分大小

能力要求:视力、听力、语言

兴趣水平:学前、小学

材料:卡片、动物玩偶

1. 准备相同的一大、一小动物玩偶(如兔子、小鸭等)。
2. 在黑板上写出"大"和"小"。
3. 让学生分别跟着老师指读。
4. 分别向学生出示大、小不同的玩偶,要求学生根据出示的型号,迅速在读出"大""小"的同时,出示写有"大""小"字的卡片。
5. 对不正确的发音进行纠正。
6. 以同样的方法,读出"长""短""高""矮"等字的发音。

4.13 说出拼音字母的发音

活动主题:读拼音字母

能力要求:视力、听力、语言

兴趣水平:学前、小学

材料:8 cm×12 cm 卡片、水彩笔

1. 在拼音字母表中,选择几个拼音字母,对每一字母,做3到4张卡片。
2. 把卡片发给每个学生,告诉他不要把卡片给别人看。
3. 让学生们站起来并且一听到信号就开始大声说出卡片上字母的发音。
4. 让学生们继续大声说出字母的发音,直到找出和自己发音相同的其他学生,然后一起走到教室前面。
5. 指出获胜者就是走到教室前面的第一组学生。

4.14 说出数字的发音

活动主题:读"数字"

能力要求:视力、语言

兴趣水平:学前、小学

材料:黑板、粉笔

四、阅 读

8
7
6
5
4
3
2
1

1. 在黑板上画一个梯子。
2. 在每个横档上写出一个数字(如图所示)。
3. 告诉学生为了"爬"梯子他们必须说出每个横档上的数字的发音。
4. 选一个学生让他试着到达梯子的顶端。
5. 告诉他如果他能正确说出所有的数字发音,他就可以当老师,指着数字让下一个学生来读。
6. 把学生不会读的数字发音告诉他,并且让他再次试着到达顶端的横档上。
7. 教师还可以画一只小鸟并把数字写在翅膀上;或者画一棵树,然后把数字写在树枝上。
8. 通过让学生说出数字的有关生活数据来增大难度。

4.15　读出简单的由2个字组成的词

活动主题:读词语

能力要求:视力、语言、动手能力

兴趣水平:学前、小学、中学生

材料:纸、笔、剪刀、糨糊

1. 把作业纸分成横向的3栏和纵向的6栏。
2. 在第3栏中的纵向空间分别写上适合学生水平的词语(共6个)。
3. 在第1栏中的纵向空间分别画出描绘这6个词语的图片。
4. 不要让第1栏中的图片和第3栏中能够与它匹配的词在同一行上。
5. 在作业纸的中间一栏留出空白。
6. 把作业纸发给学生。
7. 让学生把第3栏中的词语剪下来。

8. 告诉学生把剪下来的词语放在第2栏中的适当位置,也就是和它相匹配的图片旁边。
9. 强化所有正确的答案并让学生读词语。
10. 如果学生做错了,把正确的答案告诉他并让他再试一次。
11. 让学生把正确的词语贴在和它匹配的图片旁边。

■ **4.16 说出拼音字母声母和韵母的发音**

活动主题:读拼音

能力要求:视力、语言、动手能力

兴趣水平:小学、中学生、青少年、成年人

材料:纸板、8 cm×12 cm 卡片

1. 在纸板上剪出2个面积为24平方厘米的游戏板。
2. 把每个游戏板分成9个相同的正方形。
3. 把20个8 cm×12 cm英寸的卡片剪成8 cm×8 cm的卡片。
4. 在10张卡片上打印含有声母下划线词语的拼音,在另外的10张卡片上打印含有韵母词语下划线的拼音。
5. 把卡片分成两堆,上面分别标上"声母"和"韵母"的便签。
6. 让学生进行"井字"游戏的活动。
7. 告诉第一个学生从任意一堆卡片里选一张卡片来读,读完之后把卡片放在任意一个方格里。
8. 如果学生把词语拼音读错了,告诉他这个词的正确读音并让他把这张卡片放在一堆卡片的最下面。
9. 告诉第二个学生从任意一堆卡片里选一张卡片来读,读完之后把卡片放在任意一个方格里。
10. 指出获胜者是连续填满三个方格的学生。

■ **4.17 事先无准备地读出下列汉字**:是,跳,飞,后,二,前,吃,里

活动主题:认读汉字

能力要求:视力、听力、语言、动手能力

兴趣水平：小学、中学生、青少年

材料：纸板、索引卡、水彩笔、纸

1. 在一张纸上列出"是，跳，从，长，飞，后"等。
2. 在另一张纸上列出一部分上述汉字以及学生不认识的一些汉字，并让这些汉字随意掺杂在一起（如图所示）。

是	跳	从	试
圈	拣	带	里
前	全	直	吃
笑	首	做	一

3. 发给学生这两张带有字的纸和一支笔。
4. 让学生在第二张纸上找出和第一张纸上相同的字，并把它们用笔圈起来。
5. 学生完成作业后，检查他的作业单并让他读一读这些圈起来的字。
6. 学生每读对1个字就奖励他一定的自由支配时间。
7. 指出学生没有找出来的字或者告诉他读错了哪个字，并告诉他一共可以获得几分钟的自由支配时间。
8. 告诉学生他今后可以努力多获取一些自由支配时间。
9. 认字内容可根据学生的实际调换。

4.18 事先无准备地读出下列词语：谢谢，八个，以前，大笑，试试，知道

活动主题：录音读词语

能力要求：视力、听力、语言、动手能力

兴趣水平：小学、中学生

材料：录音机、纸、笔

1. 让学生按要求，列出上述不好记的词语。
2. 把这些词语按原来的顺序分成5组或10组，并录音。
3. 录音"看一看你的词语表中的第一个词语，读出那个词语"，并且对学生说"这个词语是……"。
4. 制作一张作业单，上面列出学生在录音中所学的15或20个词语。

5. 录制新的录音内容。
6. 在录音里面说"在这个词语的旁边写上数字1,读出这个词语""在这个词语的旁边写上数字2,读出这个词语"等等。
7. 根据学生的需要,为他播放这两段录音。
8. 批改学生的作业单。
9. 再次播放学生没有学会的词语录音,并让学生再试一次。

■ **4.19** 说出下列声母或整体认读音节的发音:zh, ch, sh, yi, wu, yu

能力要求:视力、语言、动手能力
兴趣水平:小学、中学生、青少年、成年人
材料:公路图、图画纸、卡片、记号笔

1. 在学生所在省或市的公路图上标出从南到北或从东到西的路线。
2. 根据学生对所在城市的了解选择这两条路线的起点或终点。
3. 用白纸剪出7个直径约2.5 cm的圆形,再用不同的彩色纸剪出2套21个直径为2.5 cm的圆形。
4. 在每套彩色圆形上打印上述声母或整体认读音节的字母组合。
5. 在两张白色圆形上分别打印"开始"和"终点",其余的上面打印"休息区"。
6. 在路线的周围安排彩色圆形,每隔7格安排一个休息区。
7. 按下列要求制作34张游戏卡。4张卡上写着"省(市)际公路在另一个路口转弯";2张卡上写着"汽油用完错过两次转弯机会";2张卡上写着"超速罚款退3格";4张卡上写着"午餐时间,你不会介意错过1次转弯机会";4张卡上写着"休息站,去附近的休息区",这可能需要前进或后退;2张卡上写着"前进1格";2张卡上写着"前进2格";2张卡上写着"前进3格"。
8. 让第一个学生抽一张卡并在他附近的路线上服从指示。
9. 让这个学生在他站立的地方说出一个包含声母的字词。
10. 如果学生做出了正确的反应,就让他待在原地。
11. 如果学生做出了错误的反应,就让他后退一格并告诉他正确答案。
12. 指出第一个回到原点的学生就是获胜者。要让所有的学生都有机会完成任务。

四、阅　读

■ **4.20** 说出下列整体认读音节的发音：zhi、chi、shi、yi、wu、yu、yin、yun、ye、yue

活动主题：读音游戏

能力要求：视力、语言

兴趣水平：小学、中学生、青少年

材料：黑板

1. 把学生分成两队来玩"接力游戏"。
2. 两队排好，首棒队员跑到黑板前。
3. 在黑板上写出一个整体认读音节，并让两队第1个就位的运动员说出它的读音。
4. 如果他读正确，就让他继续接力参赛。回到队伍，把棒交给下一个。并告诉同学音节的读音。
5. 如果他不知道正确的读音，让同学一起教他，读对了，再继续接力参赛。
6. 继续比赛，上轮领先的，可以先读教师出示的整体认读音节。
7. 如此接力，直到游戏结束，先完成接力的一队获胜。

■ **4.21** 说出下列韵母的发音：ai、ei、ui、ao、ou、iu、ie、üe、er

活动主题：读音游戏

能力要求：视力、语言、动手能力

兴趣水平：小学、中学生

材料：扑克牌

1. 准备一副扑克牌。
2. 把所有带有数字8的扑克牌替换成同样大小的带有上述韵字母的卡片，如：ai、ei、ui 等。
3. 洗牌后发给每个学生4张牌，把剩下的牌正面朝下放置。
4. 让第一个学生读牌，并把牌正面朝上放置。
5. 让第二个学生把手中同花色的牌放下，接着轮到下一名学生。如果下一名学生能说出韵母的发音，让他来决定新的同花色的牌。
6. 如果学生手里没有了扑克牌，让他从剩下的牌里面抽取，直到他可以接着玩。
7. 谁手里的牌最先出完，谁就是获胜者。

4.22 从左向右扫视阅读练习

活动主题：阅读扫视练习
能力要求：视力、动手能力
兴趣水平：小学、中学生、青少年
材料：手电筒、薄纱

1. 为教师和学生准备手电筒。
2. 告诉学生怎样使用手电筒。
3. 告诉学生游戏的目的是让他用自己的手电"跟随"并"赶上"老师的手电筒光。
4. 使屋子变暗。
5. 让学生坐在一堵没有门的墙的前边。
6. 教师让一束光从墙的左边慢慢移动到右边。
7. 让学生用自己的手电筒光追随教师的光。
8. 把手电筒关掉,回到左边的最初的位置上。
9. 通过改变手电筒的移动速度来增大难度。
10. 如果学生有困难就先减缓速度然后再逐步加快速度。
11. 为那些能够"赶上"教师的手电筒光的学生记分,以此来保持学生的兴趣。
12. 在教师的手电筒上蒙一层彩色薄纱,或者在所有学生的手电筒上蒙一层彩色薄纱而让教师的光保持白色。
13. 告诉学生:谁在5次中"赶上"教师的手电筒光的次数最多,谁就可以拿着教师的手电筒带同学玩。

4.23 把字(词)与拼音字母的读音结合起来,作为一个整体来读

活动主题：阅读字谜游戏
能力要求：视力、语言、动手能力
兴趣水平：小学、中级学生
材料：约 12 cm×20 cm 的卡片、书写纸、水彩笔、杂志等

1. 选择用于"字谜"游戏的字(词),如:猫、狗、树、花、门、手等。
2. 在 12 cm×20 cm 的卡片上画出这些字(词)的相应图片,或者在杂志上剪下一些图片。

四、阅 读

3. 在每张卡片的顶端写上图片的名字并标注拼音,让名字中的每个拼音字母均匀分布。(如图所示)

4. 用干净的塑料把卡片盖住。
5. 沿着拼音字母之间的空隙把卡片竖着剪开。
6. 如果卡片上的字词由 3 个拼音字母组成,这个字谜就应该分成 3 部分。
7. 把单个字谜的碎片混合在一起,并发给学生。
8. 告诉他一边把字谜组合起来,一边说出每个字(词)和拼音字母的发音。
9. 当他把整个字谜拼好之后,让他说出整个字(词)的发音。
10. 把几个字谜的碎片混合在一起,看学生是否能够正确地把每个字谜组装起来,以此来增大难度。

4.24 事先无准备地读出熟悉的有意义的词语

活动主题: 读词游戏
能力要求: 视力、语言、符号语言、动手能力
兴趣水平: 小学、中学生
材料: 计分表、计时器、骰子、游戏板、铅笔

1. 制作一个类似于棋盘的游戏板,上面有声母、韵母字母及整体认读音节等等。
2. 根据难度大小安排每个单元的分值。
3. 指定班长来记录分数和设定时间。
4. 把骰子发给每个学生。
5. 让每个学生在游戏板上掷他自己的骰子。

6. 让学生指定单元的名字并给出一个词语,词语中包含他的筹码所在位置上的发音。
7. 设定计时器并告诉学生他们可以一直玩到铃响。
8. 让班长注意记录正确答案的得分。
9. 计时器的时间一到就停止游戏。
10. 指出得分最多的学生就是获胜者。

■ 4.25 阅读多音节词语

活动主题: 词语阅读游戏

能力要求: 视力、语言、动手能力

兴趣水平: 小学、中学生、青少年

材料: 纸板、剪刀、卡片、水彩笔、玩具汽车

1. 在一张 40 cm×60 cm 的纸板上画跑道。(如图所示)

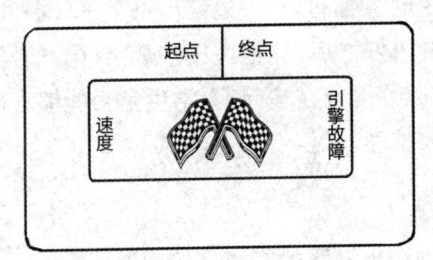

2. 制作48到60张卡片,在同一张卡片的一端写上1个多音节词语,如西安、白鹅、皮袄、梅花、长颈鹿等,在相反的一端写上拼音的音节分解。
3. 让学生把他们的卡片放在起点上。
4. 把词语卡放进"速度"箱里。
5. 让第一个学生拿最上面的卡片,读出这个词语并说出怎样划分它的音节。
6. 如果学生回答正确就让他挪动一下并把他的卡片放在"已检查的标志旗"上。
7. 如果学生回答错误,告诉他不要动,并且把他的卡片放进"发动机故障"箱里。
8. 把正确答案告诉他,并告诉他在下一轮中他必须挑选同样的卡片、正确划分音节,然后把它放在"已检查的标志旗"上。

四、阅　读

4.26　阅读词语组合

活动主题：词组组合游戏
能力要求：视力、语言、动手能力
兴趣水平：小学、中学生、青少年
材料：索引卡、水彩笔

1. 制作 25 张 8 cm×12 cm 的扑克牌。
2. 在一张牌上画一个小丑。
3. 在剩下的每张牌上分别打印一个合成词的一部分。
4. 洗牌并把所有的牌都发给学生。
5. 从右边的学生开始。
6. 让学生试着用这些卡片上的词语组成尽可能多的合成词或词组，把它们放下并读出它们。
7. 找他左边的学生，从他那里抽出一张卡片并重复这个程序。
8. 继续下去，直到没有人可以玩下去。
9. 指出谁组合出的词组最多，谁就是获胜者。输的人就是手里拿着小丑的学生。

4.27　事先无准备地读出 100 个字或词

活动主题：字词阅读游戏
能力要求：视力、语言、动手能力
兴趣水平：小学、中学生
材料：绘画纸、剪刀、索引卡、水彩笔

1. 用绘画纸为每个学生制作一列货车。（如图所示）

2. 根据学生所学的字(词)准备词语卡。
3. 把货车发给学生。
4. 告诉学生，老师将要让一些卡片快速地出现在他们面前，第一个正确读出字

(词)的学生可以把字(词)卡放进他的车厢里。

5. 把字(词)卡送给第一个正确读出它们的学生。

6. 第一个把火车车厢全部装满词语卡的学生就是获胜者。

■ **4.28 从左向右浏览字(词),从上到下浏览书页**

活动主题:阅读浏览游戏

能力要求:视力、动手能力

兴趣水平:小学

材料:作业单、蜡笔、铅笔、纸

1. 在作业单上画一个向右飘动的气球。
2. 画一个从左边追赶气球的孩子。
3. 在孩子和气球之间画上虚线。
4. 再画一张图片,图片上有一只从左向右滚动的气球和一只正在追赶气球的狗。
5. 在第三张图片的右边画一只老鼠,有一只猫在左边追赶它。
6. 发给每个学生一张图片。
7. 让学生看着图片的左边并说出他们看到了什么。
8. 让学生用手指追踪每个追赶者的路径。
9. 发给学生蜡笔,让他们用实线画出这些路径。

■ **4.29 阅读短语和句子**

活动主题:短语(句)阅读游戏

能力要求:视力、语言、动手能力

兴趣水平:小学、中学生、青少年

材料:纸、打字机、纸板、圆木棍(两头是安全的)、胶带

1. 用几张约 12 cm 宽的纸粘连成一长条。
2. 在纸上打印一个原创的故事或者书上的故事。
3. 把故事分成几个简洁的语句,每行打印一个语句。
4. 在每行句子之间留出双倍行距的空间。

5. 把一张约 28 cm 宽的纸板对折并且用透明胶带把边上封起来,让上边和下边开着口。
6. 在纸板上方的一侧剪一个约 4 cm 的窄缝。
7. 让这条缝隙足够窄,以便每次只能露出一行字。
8. 通过纸板滑动长条纸,并且把长纸条的两端分别固定在圆头的棍子上。
9. 把这个"电影脚本"交给学生,让他一边用棍子从下往上滚动这些纸,一边念纸上的字(词)。
10. 学生每读对一行字就对他给予奖励。
11. 必要时提供帮助。

4.30 正确回答与之前所读句子的相关问题

活动主题:读句子提问题
能力要求:视力、语言
兴趣水平:小学、中学生
材料:纸、水彩笔

1. 安排时间让学生讲班级"新闻"。
2. 指名让一学生上讲台面向大家。
3. 教师向学生询问"新闻",如:"你们当中谁家里有宠物?""小明,给我们讲一讲你家猫最近发生的事吗?"或者"我打算把你说的事写在黑板上。"
4. 把学生所说的话用水彩笔和大号字体写下来。
5. 让学生读黑板上写的句子。
6. 向学生提问所读故事中的几个具体问题,如:"小刚,谁家有只猫?"或"谁来给我们讲一讲小明家的猫"等。
7. 把黑板上写的句子复印几份让学生保存。

4.31 识读和遵循简单的书面指示

活动主题:"逃生"阅读游戏
能力要求:视力、语言、动手能力
兴趣水平:小学、中学生

材料：纸板、笔、约 8 cm×12 cm 卡片

1. 剪几个约 30 cm×25 cm 的纸板用作"逃生"游戏板。
2. 在纸板上画一间着火的房子,2 个梯子靠在墙上,每个梯子上有 6 个横档。
3. 在每张 8 cm×12 cm 的卡片上写上不同的指示,如:"走到门口,向前跳一英尺"或"轻触你的鼻子"。
4. 把学生分成 2 组或者让 2 个学生表演。
5. 让学生画卡片或者遵循指示。
6. 如果学生正确遵循了指示,让他们从梯子的横档上下来。
7. 还可以稍作改变,把 8 cm×12 cm 的标签用于大型的小组表演。
8. 指出第一个从梯子上"逃"下来的就是获胜者。(如图所示)

4.32 阅读简单的段落

活动主题：排序阅读游戏

能力要求：视力、语言、动手能力

兴趣水平：小学、中学生

材料：笔、约 8 cm×12 cm 卡片

1. 在每张 8 cm×12 cm 的卡片上写上一小段句子。
2. 把卡片打乱顺序并且让卡片正面朝下放在学生面前。
3. 让学生轮流挑选卡片并把卡片上的段落大声读出来。
4. 如果学生读对了,让他留着那张卡片并可以再选一张卡片。
5. 如果学生读错了,让他把那张卡片交给其他学生来读。
6. 继续下去,让所有的学生都参与进来,直到所有的卡片都被拿走。
7. 指出手持卡片最多的学生是获胜者。

4.33 默读或朗读识字课本

活动主题:"筹码"游戏
能力要求:视力、语言
兴趣水平:小学、中学生
材料:书、蓝色和红色的筹码

1. 让每个学生手拿一本书坐下来。
2. 准备一些蓝色和红色的筹码。
3. 告诉学生他们每读对一个句子就获得一个蓝色的筹码,每读错一个句子就获得一个红色的筹码。
4. 告诉学生红色的筹码意味着停下。
5. 如果学生得到红色的筹码,指出学生所犯错误和正确读法,并让下一个学生继续读下去。
6. 如果第二个学生出现错误,重新让第一个学生来读。
7. 让学生从他自己上次读错的句子开始读下去。
8. 直到学生自己记住了正确读音才让他继续读下一句。

4.34 默读故事并按顺序讲述、展示或表演故事情节

活动主题:哑剧阅读表演
能力要求:走动、视力、动手能力
兴趣水平:小学、中学生
材料:纸、笔

1. 在卡片上写出提示,如:"你是一个快乐的汽车修理工,正在熟练地修理汽车。"
2. 把卡片发给学生。
3. 选一个学生用哑剧的形式表演他的卡片上的内容。
4. 让其他学生猜测他所表演的哑剧。
5. 再选一个学生来表演哑剧。
6. 以轮流的方式让每个人都有机会表演。

■ 4.35 朗读有意义的短语。看清标点符号注意停顿和语调,有适当的表情

活动主题:录音朗读
能力要求:视力、语言
兴趣水平:小学、中学生
材料:带有麦克风的录音机或手机

1. 准备带有麦克风和磁带的录音机或手机。
2. 告诉学生将要进行朗读录音。
3. 让学生选择短语或短故事来录音。
4. 讨论学生所选材料中的标点符号和音调变化。
5. 给学生提供彩排的机会。
6. 监管彩排并提出建议。
7. 进行录音并把录音内容发送给学生家长。

■ 4.36 在其他人读故事的时候适时翻页

活动主题:阅读跟进比赛
能力要求:视力、听力、动手能力
兴趣水平:小学、中学生、青少年
材料:书签、书、代币筹码

1. 把学生分成若干阅读小组。
2. 把书签发给阅读小组中的每个学生。
3. 告诉学生们在教师或其他学生朗读时他们在书页上用书签跟进。
4. 对适时跟进的学生用代币筹码进行奖励。
5. 在阅读活动结束时,数一数每个学生所得的筹码并给予适当的奖励。

■ 4.37 回答关于朗读或默读材料中的问题

活动主题:阅读理解练习
能力要求:视力、听力、动手能力
兴趣水平:小学、中学生、青少年

材料:拉线箱、纸条

1. 准备写有基于学生阅读材料问题的纸条。
2. 告诉学生将要阅读一些材料。
3. 把纸条放进拉线箱里。
4. 让学生从箱子里抽取纸条。
5. 让学生读一读他所抽出来的纸条内容并回答上面的问题。
6. 继续下去,直到所有的纸条都被抽出来。
7. 也可以让学生制作一些写有问题的纸条,以供抽取。

4.38 通过阅读获取信息并回答问题。如从菜单、报纸中选择信息等

活动主题:阅读菜单
能力要求:视力、语言、动手能力
兴趣水平:小学、中学生、青少年
材料:菜单、桌子、盘子、杯子、筷子

1. 收集不同类型的饭馆菜单。
2. 在桌子上摆好盘子、杯子、筷子和餐巾。
3. 选 2 个学生充当顾客,1 个学生充当服务员。
4. 让"顾客们"扮演饥饿状、想要买食物。
5. 让"服务员"把菜单拿给他们,并询问他们想要吃什么。
6. 让"顾客们"读菜单并点菜。
7. 让每个人都轮流充当顾客。
8. 使用学生们可能遇到的不同类型的菜单。

4.39 根据文字描述选择物品

活动主题:阅读文字寻找物品
能力要求:视力、听力、动手能力
兴趣水平:小学、中学生、青少年
材料:不同形状和结构的物品

1. 准备不同形状和结构的物品,如土豆等。

2. 把这些物品发给学生。
3. 让学生了解并熟悉它们。
4. 让学生对这些物品进行文字描述。
5. 收集文字描述和物品。
6. 把这些文字描述随意分发下去。
7. 让学生阅读他们所收到的文字描述并进行推测。
8. 让学生根据文字描述找出正确的物品。

4.40 为简单段落选择中心句

活动主题：阅读理解练习
能力要求：视力、听力、动手能力
兴趣水平：小学、中学生、青少年

1. 在黑板上写一个简单的段落。
2. 让学生默读这个段落。
3. 注意寻找这个段落的中心句。
4. 告诉学生，教师将要指着这段话中的每个句子。
5. 当教师指着中心句的时候，他们就要说"中心句"。
6. 提供带有简单段落的作业纸，让学生进行拓展练习。
7. 让学生在中心句下面画线。

4.41 读书。选择自己的书

活动主题：读书习惯培养
能力要求：视力、语言、动手能力
兴趣水平：小学、中学生、青少年
材料：牛皮信封、书、笔、箱子

1. 准备约 25 cm×32 cm 的牛皮纸信封供学生装书。信封上写有学生名字、教师名字、班级、"漂流书"的字样和几条横线。
2. 把信封放在方便学生使用的箱子里。
3. 鼓励学生选择教室里的书，把书名抄写在他自己的"漂流书"信封上，并把书带回家里分享。

4. 让学生在第二天讲述他们所选的书。

4.42 把故事/书读给别人

活动主题:阅读分享

能力要求:视力、听力、语言、动手能力

兴趣水平:小学、中学生、青少年、成年人

材料:布告牌

1. 在布告牌上贴出一块广告区,并在顶端写上标题"为生活而阅读"。
2. 学生讨论日常生活中那些依靠阅读才能发挥作用的物品。
3. 让学生带来一些阅读材料作为例子,如:菜单、贺卡、标签、食谱、游戏说明或者他们最喜欢的书。
4. 让学生读给小组同学听。如果他们读得正确,就可以把他们的名字写在物品上或布告牌上。

4.43 通过独立阅读开展活动

活动主题:读笑话或谜语

能力要求:视力、语言、动手能力

兴趣水平:小学、中学生、青少年、成年人

材料:档案卡、档案箱、笑话

1. 把笑话内容剪下来贴在约 8 cm×13 cm 的卡片上。
2. 把笑话卡放进档案箱里。
3. 告诉学生当他们做完作业后可以从档案箱里拿出笑话卡来读。
4. 告诉学生当他们了解了他们所选的笑话后,就可以把这个笑话讲给教师或全班同学。
5. 教师也可以改用谜语。让学生把谜语读给小组同学并让小组同学试着回答。

■ 4.44 对给出的主题进行研究,如在图书馆里找书等

活动主题:研究性学习
能力要求:视力、语言
兴趣水平:小学、中学生、青少年、成年人

1. 让学生写出3样他们想要更多了解或感兴趣的事物。
2. 让学生在3样事物中选出最重要的1样。
3. 告知他们将要研究选出来的这1样事物。
4. 解释什么是研究。
5. 让学生至少写出2个和他们所选主题相关的问题。
6. 带领学生去图书馆研究相关的主题和问题。
7. 请图书管理员帮助。
8. 让学生研究所选的主题,回答所确定的问题。

■ 4.45 根据书面说明按顺序完成一项活动

活动主题:找藏宝
能力要求:视力、动手能力
兴趣水平:小学、中学生、青少年、成年人
材料:纸板、笔

1. 用纸板做成8张线索卡,在卡上按顺序写出不同的指示,引导学生到另一个位置。
2. 选择一个学生来阅读这些线索,并让他在课间把第一张卡片以外的其余卡片都藏在正确的位置上。
3. 当小组的学生们休息后回来时,把第一张卡片交给第二个学生,并派他去寻找。
4. 继续把下一张卡片交给下一个学生,直到藏宝被找到。
5. 藏宝还可以换成特权、自由时间奖励卡、自由选择游戏或特别的艺术计划等。

五、数　学

5.01　根据形状、大小和长度来分类

活动主题：分类游戏
能力要求：视力、动手能力
兴趣水平：学前、小学
材料：杂志、图画纸、糨糊、剪刀

1. 设置布告牌，写上标题："常见的三角形物体"。
2. 给每个学生发一把剪刀和一份旧杂志。
3. 让学生浏览杂志并剪下里面带有三角形的物体。（如图所示）

4. 分发纸板和糨糊，让学生把他们的图片贴在纸板上。
5. 选一个学生，让他把自己的图片展示给其他学生，并用手指描出图片上的三角形形状。
6. 告诉这名学生，如果他能够说明图片中的三角形在哪里，他就可以把他的图片贴在布告栏上。
7. 如果学生不会用手指描出三角形，告诉他三角形的位置并让他留着这张图片，直到你再次叫到他。
8. 稍后再选他，让他再次用手指描出三角形并把他的图片贴在布告栏上。

■ 5.02 找一些同类型物体的大小图片,每个类型按一大一小图片进行分组

活动主题:类型分组

能力要求:视力、语言、动手能力

兴趣水平:学前、小学

材料:纸、杂志、糨糊、剪刀、笔

1. 为每个学生准备空白的剪贴簿。
2. 发给每个学生剪刀和旧杂志。
3. 让学生从杂志上剪下人或物体的图片,然后再找到同一类型的小一点或大一点的图片,并把它们也剪下来。
4. 在学生剪下几个图片之后,发给每个学生空白的剪贴簿和糨糊。
5. 告诉学生把1大1小的同类型图片贴在同一张纸上。
6. 学生在粘贴时,教师对他们的剪贴簿进行检查,并按照学生的回答,在每个物体旁边写上"大"或"小"。
7. 每隔一天就在剪贴簿上增加图片。

■ 5.03 按照从大到小的顺序排列物体

活动主题:排序游戏

能力要求:视力、听力、语言、动手能力

兴趣水平:学前、小学

材料:垫圈、钩子(注意安全)、板子、容器、餐具垫

1. 准备带有10个钩子的板子,让这些钩子在水平位置上排成一行。
2. 收集10个大小不同的垫圈。
3. 向学生展示活动过程。首先把垫圈按从左到右、从小到大的顺序放在餐具垫上。
4. 让学生找出小的垫圈并把它放在左边。
5. 让学生找出大一点的垫圈并把它放在小垫圈的右边。
6. 让学生继续下去,直到所有的垫圈都按正确顺序排列。
7. 让学生把垫圈按从左到右的顺序挂在钩子上。
8. 指着小垫圈,说:"这是小的。"

9. 指着旁边的垫圈,说:"这是大一点的。"再指着下一个垫圈,说:"这是更大一点的。"
10. 让学生把垫圈按从左到右的顺序从钩子上取下来,放进一个容器里。
11. 让学生独立操作这个过程。

■ **5.04 比较两组中东西的多少**

活动主题:多少比较

能力要求:视力、动手能力

兴趣水平:学前、小学

材料:水彩笔、纸板、索引卡

1. 把纸板竖着分成3列,横着分成多行。(如图所示)

2. 把第一竖行标记为"多"、最后一个竖行标记为"少"。
3. 在中间竖行的每个格子里分别画一些普通物体的图片。
4. 制作几张边长约5 cm的正方形卡片,每张卡片上分别画几个同样的物体。
5. 让学生在卡片上画一些物体并数一数卡片上所画物体的数量。
6. 告诉学生如果卡片上物体的数量比纸板上中间竖行的数量多,就把卡片放在"多"的一边。

7. 如果他不理解,教他明白卡片应该属于哪一边,并让他再试一遍。

■ **5.05** 在一组物体中找出大的、更大的、最大的和小的、更小的、最小的

活动主题:大小排序

能力要求:视力、语言、动手能力

兴趣水平:学前、小学

材料:大球和小球

1. 安排学生在地板上围坐成一圈。
2. 给学生看两个球,让他们指出大球和小球。
3. 如果学生说错了,教他正确分辨大小关系,并让他再试一遍。
4. 让一个学生把大球滚动给另一个学生。
5. 让第三个学生把小球滚动给下一个学生。
6. 继续让学生们轮流滚动大球和小球。

■ **5.06** 在一组物体中找出第一个、中间一个和最后一个

活动主题:位置排序

能力要求:视力、语言、动手能力

兴趣水平:学前、小学

材料:动物玩具、食物盘、食物

1. 把3个动物玩具朝着同一个方向摆成一行。
2. 在这一行动物玩具前边摆上"早餐"。
3. 让学生分辨谁是这一行中的第一个、中间一个和最后一个。
4. 告诉学生把指定的动物放在最后、中间和第一的位置上。(如图所示)

5. 通过让学生喂第一个动物吃早餐来强化他的正确反应。
6. 如果学生没能正确指出动物的位置次序,给他示范正确的做法,并让他再试一遍。
7. 重复几遍,以便让每个学生都有 2 到 3 次机会。

5.07 找出一系列同样的物品

活动主题: 物品归类
能力要求: 视力、听力、语言、动手能力
兴趣水平: 小学
材料: 空白卡片、跑表

1. 在卡片上画一系列物品,如:1 辆卡车、2 只猫和 3 头猪。
2. 把所有的卡片都放在桌子上。
3. 要求学生找出同样的物品。
4. 为学生做示范。
5. 学生完成任务的时候通过计时来增大难度。
6. 讨论那些错误的选择。
7. 把所有的卡片正面朝下放置。
8. 让一个学生把卡片翻过来,让其他学生指出一套相同的卡片,第一个指出卡片的学生可以把那张卡片留下。
9. 最短的时间内获得最多卡片的学生获胜。
10. 如果只有一名学生玩游戏,让他指出他自己的卡片。

5.08 组合 2 个同样一组的物品

活动主题: 物品归类
能力要求: 视力、听力、语言、动手能力
兴趣水平: 小学、中学生
材料: 纸板、小磁铁、回形针、细棍子(棒)、小盒子、细绳

1. 用小盒子制作钓鱼塘。
2. 装饰一下。

3. 用纸板剪成3套或更多套学生所熟悉的物品,每套由2个同样的物品组成。
4. 用回形针固定住每个"物品"。
5. 制作钓鱼竿并把小磁铁固定在细绳的一端。
6. 把细绳的另一端系在一根棍子上。
7. 了解"2"的含义。
8. 让学生"钓"2个同样的物品。
9. 让学生保留他所钓到的物品,对正确的做法给予奖励。
10. 把"钓"错的物品放回池塘并进行讨论。
11. 游戏结束时,获得物品最多的学生就是获胜者。

5.09 组合3个同样一组的物品

活动主题:物品归类

能力要求:走动、视力、听力、语言、动手能力

兴趣水平:学前、小学

1. 让学生排成两队。
2. 教师示范,把自己的胳膊和一个学生的胳膊平举,搭建胳膊桥。
3. 让所有的学生都加入进来,两两相对搭起桥。
4. 告知学生当另一对学生按顺序在"桥"下走过时,用胳膊困住三人一组的学生。
5. 增加被困住学生的数量。
6. 强调其他学生和被困在"桥"下的学生要保持一个队列。

5.10 口头数到3

活动主题:数数游戏

能力要求:视力、动手能力

兴趣水平:学前、小学

材料:标签纸、硬纸板、糨糊、剪刀

1. 用标签纸剪出大型数字1到3,并把这些数字裱在坚固的卡片上。
2. 把数字按顺序排列在黑板架上。
3. 让学生把椅子搬到黑板旁边、坐下来。
4. 选一个学生背过身去,让另一个学生拿掉一个数字并把这个数字藏到背后。
5. 告诉第一个学生转过身来、数一下数,直到他数到空缺处并说出缺失了哪个数字。
6. 如果他回答正确,就把数字卡递给他并让他把数字卡放到黑板架的适当位置。
7. 让他把下一个数字藏起来。

5.11 搭建 4,5,6,7,8,9,10 个物体

活动主题:数数游戏

能力要求:视力、动手能力

兴趣水平:小学

材料:索引卡、代币筹码、水彩笔、奖品等

1. 准备15个约8 cm×14 cm的卡片,并在其中的10张卡片上分别写上数字1到10。
2. 在剩下的卡片上画上笑脸。
3. 把这些卡片正面朝下放在桌子上,桌子上还要放置10个筹码。
4. 让学生抽取卡片。
5. 如果学生抽到的是数字卡,让他根据卡上的数字搭建相同个数的筹码。
6. 如果学生搭建了正确数量的筹码,他就可以留着这张卡片。
7. 如果学生搭建的筹码数量不正确,让他把这张卡片放到最下面。
8. 如果学生抽到的是笑脸,给他一张自由通行证,他也不必搭建筹码。
9. 继续下去,直到所有的卡片都被抽完。
10. 游戏结束时,持有最多卡片的学生就是获胜者。
11. 发给获胜者奖品或给予他掌声。

5.12 口头从 1 数到 10

活动主题：数数游戏

能力要求：视力、动手能力

兴趣水平：小学

材料：计数板、物品

1. 准备一个计数板和可以放在计数板上的物体。
2. 让学生搬椅子坐在计数板周围。
3. 把 6 个物体放在计数板上。
4. 给学生做示范。例如：教师说"现在轮到我了,大家仔细看"。然后数一数"兔子"的数量并给出答案。
5. 让学生上来数物体。
6. 如果学生数对了,让大家为他鼓掌并让他选择下一个学生上来数数。
7. 如果学生数错了,和他一起重新数,并告诉他可以再试一次。
8. 继续使用不同的物体和不同的数量。

5.13 在 10 个物品中找出指定顺序数的物品

活动主题：计数游戏

能力要求：视力、听力、动手能力

兴趣水平：小学

材料：纸、铅笔、彩笔

1. 让学生在纸上描出一只手的形状。
2. 把下面的提示写在黑板上。如果学生读不懂,口头读出提示。
3. "在第四根手指上画一枚戒指。"（如图所示）

4. "在第二根手指和第五根手指上涂上红指甲。"
5. "在第一根手指上方写上数字1,在第三根手指上方写上数字3。"
6. "在第五根手指周围画一条蓝色细绳。"
7. "在第二根手指上画一个邦迪创可贴。"
8. 选择一名正确遵照了所有指示的学生,让他把他所画的手指展示给大家看。
9. 让学生在纸上描出两只手的形状并把上面的指令改为第六到第十个手指。以此来增大难度。

5.14 按1到10,把数量同样多的两组物体相匹配

活动主题:配数游戏

能力要求:视力、听力、动手能力

兴趣水平:小学

材料:纱线、纸、剪刀

1. 把下列物体从报纸或杂志上剪下来。
2. 1所房子、1棵树、2只猫、2只狗、3个苹果、3个橘子、4颗星星、4个球、5个圆形、5个正方形、6个三角形、6个长方形、7棵三叶草、7条鱼、8个笑脸、8根香蕉、9朵花、9个雨滴、10个锤子和10条项链。
3. 用纱线在桌子上摆成2个圆圈。
4. 把物体放在左边的纱线圈里。
5. 把10个物体放在学生前面,包括2只狗。
   (如图所示)

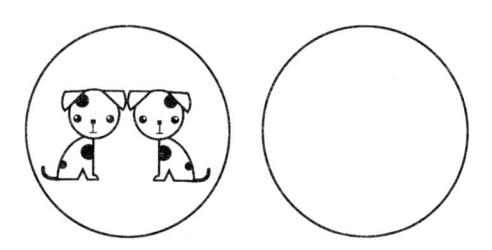

6. 让学生在右边的纱线圈里放一些物体,这些物体的数量要和左边纱线圈里物体的数量相等。

5.15 找出前后左右的位置

活动主题:方位游戏

能力要求:走动、视力、听力、语言、动手能力

兴趣水平:小学

材料:井字游戏格、卡片

1. 用胶带在地板上摆出井字游戏格。
2. 准备一些卡片,上面写着"站在…后面""站在…左边"等。在每张卡片上用图片表明位置。
3. 讨论方向"左、右、前、后"。
4. 让两个学生站在格子上相反的两边。
5. 选一张卡片并阅读上面的指令。
6. 让学生站在卡片中所指定的位置上。
7. 让学生以小组为单位或两两一组,以简化这项活动。
8. 让学生以小组为单位参加游戏并按照井字游戏格排成直线,以此来增大难度。

5.16 与一个具体的数量相比,确定一组物件什么时候足够、不够或太多

活动主题:等量游戏

能力要求:视力、语言、动手能力

兴趣水平:小学

材料:天平、2个袋子、小物件

1. 告诉学生把一些物件放进一个塑料袋里,如:2个积木或12个棋子。
2. 把袋子放在天平的一端。
3. 把空袋子交给学生,让他把空袋子放在天平的另一端。
4. 告诉他向空袋子里装一些物件,直到天平的两端保持平衡。
5. 在天平的两端平衡之后,从一端的袋子里拿出一些物件并且询问学生哪一端的物件太多,哪一端的物件足够多。
6. 如果学生的回答不正确,告诉他正确答案并让他再试一遍。

五、数　学

■ **5.17　10 以内,找出哪一组物件与给出的一组物件相比在数量上更多、更少、相同**

活动主题:等量游戏

能力要求:视力、动手能力

兴趣水平:小学

材料:纸板、水彩笔、油彩笔

1. 把纸板分成 16 个方格。
2. 在每个方格的一角随意写上 1 到 10 中的某个数字。
3. 在每个方格上画出几个三角形,让三角形的数量不等于方格上所写的数字。
4. 在前 8 个方格中画出的三角形少于方格上的数字。
5. 在后 8 个方格中画出的三角形多于方格上的数字。
6. 告诉学生有些盒子中有太多的三角形,有些盒子中三角形的数量不够多。
7. 让学生用油彩笔划掉或增加三角形,使得三角形的数量与方格上所写的数字相匹配。
8. 教师还可以在橡皮上刻出心形或其他形状,并用它作为图章,以此来代替三角形。

■ **5.18　3 以内数字的读写**

活动主题:写数游戏

能力要求:视力、动手能力

兴趣水平:小学

材料:毛线、数字

1. 发给每个学生 1 到 3 段毛线。
2. 指导学生用毛线做成数字的样子。
3. 教师在黑板上写出数字,让学生模仿老师写数字 1—3。

■ **5.19　把 10 以内的数字同数轴上适当的点相匹配**

活动主题:读数游戏

能力要求:视力、动手能力

兴趣水平:小学

材料:纸板、8 cm×14 cm 卡片、剪刀

1. 为学生制作数字卡和大型的、可以放在地板上的、包括数字 0 到 10 的数轴。
2. 告知每个学生都可以得到数字卡。
3. 把数字卡分发给学生。
4. 让手持数字卡的学生站在数轴上所对应的数字上。
5. 继续下去,直到所有的学生都参与了、数轴上的数字也用完了。
6. 通过为每个学生提供一个数轴和数字卡来进行拓展练习。

5.20 说出一个已知数字的前边和后边是什么数字,或者两个数字之间是什么数字

活动主题:点数游戏

能力要求:视力、动手能力

兴趣水平:小学

材料:纸、笔

1. 准备作业纸。在作业纸上写出数字 1 到 10,每个数字的前边和后边都留出空行(如图所示)。

   (　)＿9＿　　(　)＿7＿
   (　)＿5＿　　(　)＿3＿
   (　)＿2＿　　(　)＿1＿

2. 发给每个学生作业纸和铅笔。
3. 告诉学生看着每个数字并说出它前边是什么数字,然后把应填的数字在前边的空白处写下来。
4. 告诉学生看着每个数字并说出它后边是什么数字,然后把应填的数字在后边的空白处写下来。
5. 在需要时提供帮助。
6. 学生完成作业后对他们的作业纸进行检查。
7. 指出哪些答案是错误的,并让出错的学生再试一次。

5.21 口头上数到 19

活动主题:数数游戏

能力要求:视力、语言、动手能力

兴趣水平:小学

材料:瓶子、衣夹、椅子

1. 收集瓶口大小不一的瓶子。
2. 收集 25 个衣夹。
3. 把所有的瓶子、衣夹和椅子发给学生。
4. 让学生跪在椅子上,脸朝后,把胳膊肘放在椅子背的上边。
5. 把广口瓶放在学生前边的地板上。
6. 让学生一边把衣夹扔进瓶子里,一边数衣夹的数目。
7. 指出获胜者是往瓶子里扔进的衣夹最多并且所数衣夹的数目正确的学生。
8. 把广口瓶改为瓶口小一点的瓶子来增强挑战性。

5.22 从 10 开始倒数

活动主题:数数游戏

能力要求:语言、动手能力

兴趣水平:小学

1. 让学生闭上眼睛、伸出手。
2. 用教师的手指在学生的手掌上写出数字 10,让数字的正面向着学生,并询问他这个数字是什么。
3. 如果学生猜错了,告诉他这个数字的名字并让他再试一次。
4. 按倒数的顺序继续写 10 以内的数字。
5. 再一次用手指在学生的手掌上从 10 开始按倒数的顺序写数字,并让学生说出这些数字的名字。
6. 继续下去,直到学生能快速地倒数这些数字。
7. 不再往学生的手掌上写数字,而是让学生自己从 10 开始倒数。

5.23 20以内数字的读写

活动主题：数字读写游戏

能力要求：视力、语言

兴趣水平：小学

材料：粉笔、黑板、板擦

1. 在黑板上画一幅画，画上一所房子、一个池塘，池塘里有几块垫脚石，每块石头上都有一个不同的数字，还有一条小路从池塘通向房子。（如图所示）

2. 告诉学生他们将要玩"去外婆家"的游戏。
3. 指着房子前边的池塘。
4. 告诉学生他们必须迈过池塘里的这些垫脚石才能到达外婆的房子。外婆家有惊喜等着他们。
5. 告诉学生他们必须读出每块石头上的数字才能走到下一块石头上。
6. 为每个学生改变石头上的数字。

5.24 用3个实物做加法

活动主题：加法游戏

能力要求：视力、语言、动手能力

兴趣水平：小学

材料：黏土、黑板、粉笔、牙签（小心）

1. 发给每个学生1个黏土球和3个牙签。
2. 在黑板上写出数学加法问题。

3. 教给学生怎样解决问题,如:把1根牙签插进黏土中,数1;说再加上1根,同时增加一根牙签;问"我现在有多少根牙签"并数1,2,我们有2根。
4. 告诉学生轮到他们了,表现正确的学生也可以教给其余的学生。
5. 继续解决同一个问题,直到每个人都做对了。然后在黑板上写出新问题并重复这个过程。

5.25 用3个实物做减法

活动主题:加法游戏

能力要求:视力、语言、动手能力

兴趣水平:小学

材料:坚果零食等

1. 准备袋装的爆米花、坚果或其他适当的食物。
2. 发给每个学生3粒食物并告诉他们不要吃。
3. 让学生把这3粒食物排成一行。
4. 解释什么是减法。
5. 询问学生如果他们有3粒食物并吃掉了1粒,还剩下几粒。

5.26 50以内数字的读写

活动主题:数字读写游戏

能力要求:视力、动手能力

兴趣水平:小学

材料:索引卡、水彩笔

1. 把几张 8 cm×14 cm 的卡片分成两半,并在这两半卡片上分别写上不同的数字来制作多米诺骨牌。
2. 写出重复的数字,以便让卡片可以匹配。
3. 把卡片打乱顺序并把它们正面朝上放在学生面前。
4. 告诉学生"筑路",以便让多米诺骨牌上的数字相配。
5. 与2个或多个学生一起玩游戏,让他们轮流帮助"筑路"。

■ 5.27 组成100个同样的物件

活动主题:数组游戏
能力要求:视力、动手能力
兴趣水平:小学
材料:数棒

1. 让学生们围坐在桌子旁边。
2. 在桌子上放100根数棒。
3. 让学生每人数出10根棍子。
4. 把每10根棍子用橡皮筋捆住。
5. 确认一共有10捆,每捆10根棍子。
6. 一次让一个学生把10捆棍子放在桌子中央,然后从10,20,30……一直数到100。
7. 你还可以让学生独立组成100个物件。

■ 5.28 100以上数字的读写

活动主题:数字读写游戏
能力要求:视力、动手能力
兴趣水平:小学
材料:纸、笔

1. 准备作业纸,纸上按顺序写出几行数字并随意用空行代替一些数字。(如图所示)

填写空白处的数

11	12	13	__	15	16	__	__	19	20
26	__	28	__	__	31	32	__	34	__
42	__	__	45	__	__	48	49	__	__

2. 发给学生作业纸和铅笔。
3. 让学生从作业纸上的第一个数字开始并且一直数到空行为止。
4. 让学生把他能够数出的下一个数字填在空白处。
5. 告诉学生继续做下去,直到所有的空白处都被填满。
6. 在学生做完作业后检查他的作业纸。

7. 用橡皮擦掉不正确的答案并让他再试一遍。

5.29 练习 9 以内的加减法

活动主题：加法游戏
能力要求：视力、动手能力
兴趣水平：小学

材料：纸、蜡笔、铅笔

1. 准备作业纸，纸上写"画 4 只鸟"并留出空行用来画画；在空行下面写"拿走 2 只鸟"，然后在最后一行写"还剩几只鸟"，并留出空白处让学生作答。
2. 把作业纸、蜡笔和铅笔发给学生。
3. 让学生在作业纸上画出指定数量的鸟。
4. 告诉学生阅读下一句话并划掉要求拿走的鸟。
5. 让学生数一数还有几只鸟没有被划掉，并把数字写在最后一行的空白处。
6. 增加 1 个空行，让学生写出完整的等式来反映这一变化。

5.30 练习 19 以内的加减法

活动主题：加减游戏
能力要求：视力、动手能力
兴趣水平：小学

材料：34 cm×34 cm 胶合板、环、9 只大钉子（当心）、水彩笔

1. 用锤子把 9 只钉子钉在 34 cm×34 cm 的胶合板上，间距约为 8 cm，分 3 行钉，每行 3 个钉子。（如图所示）

3	5	1
6	9	2
8	4	7

2. 在每个钉子的下方随意写一个数字。
3. 确定让学生做加法还是减法。

4. 发给每个学生一张纸和一支铅笔用来记分。
5. 让每个学生站在指定距离并且向胶合板的钉子上投3只环。
6. 让每个学生通过把套环的数量加起来或从最高数字中减去最低数字来记录自己的分数。
7. 继续下去,直到预先设定的时间已满。
8. 如果做的是加法,分数最高的学生就是获胜者。
9. 如果做的是减法,做对了最多题目的学生就是获胜者。

5.31 口头上以10为基础数到100;以5为基础数到100;或者以3为基础数到99

活动主题:数数游戏

能力要求:视力、语言、动手能力

兴趣水平:小学

材料:纸板、纸夹、水彩笔

1. 把一个50 cm×50 cm的纸板分成边长为5 cm的方格。
2. 在左上角的方格中写上1,在右下角的方格中写上100。
3. 按照这个模式斜对角地填写:在第2行写上12,第3行写上23,第4行写上34,第5行写上45,第6行写上56,第7行写上67,第8行写上78,第9行写上89。(如图所示,原图中的99应改为89。)

1									
	12								
		23							
			34						
				45					
					56				
						67			
							78		
								99	
									100

4. 发给学生纸夹。

5. 告诉学生把纸夹放在每个方格上,从而使每行都有 10 个纸夹。

6. 让学生在数每行的纸夹时以 10 记数。

7. 如果学生一边放纸夹一边数数,对他给予口头表扬。

8. 如果学生漏掉了一个数字,告诉他正确数字是什么并让他重复那个数字。

5.32 从右向左移动时做加法,从左向右移动时做减法

活动主题:加减游戏

能力要求:视力、动手能力

兴趣水平:小学

材料:骰子、水彩笔、铅笔、纸板、纸

1. 制作一个游戏板,上面有方格从起点直到终点。
2. 在每个方格上随意写上加法和减法题。
3. 发给每个学生纸和笔。
4. 告诉学生轮流掷骰子并移动骰子上所指示的间隔数。
5. 让学生计算他所在位置上的题目。
6. 如果学生答对了题,让他待在原地。
7. 如果学生没有答对题目,让他回到掷骰子之前的位置上。
8. 在第二次轮到这个学生掷骰子移动位置时,让他重新做一遍这道题目,直到答对为止。
9. 第一个到达最后一个方格的学生就是获胜者。

5.33 100 以内的加法和减法

活动主题:加减游戏

能力要求:视力、动手能力

兴趣水平:小学

材料:粉笔、纸、铅笔、装豆子的布袋

1. 用粉笔在地板上画一个数字金字塔。(如图所示)

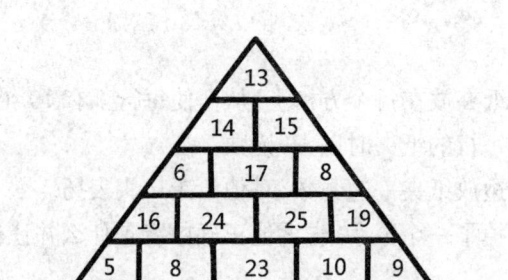

2. 发给每个学生装豆子的布袋、纸和铅笔。
3. 告诉学生轮流扔布袋,并记下布袋落下时所在的位置。
4. 让学生把前两次投掷时所得的数字加起来,把后来投掷时所得的数字也加上去。
5. 指出游戏进行10分钟后得数最高的学生就是获胜者。
6. 教师还可以用纸板制作金字塔并把它放在地板上,让宽的一边靠着墙。

5.34 1000以内的加法和减法

活动主题:加减游戏
能力要求:视力、动手能力
兴趣水平:小学
材料:纸板、纸、水彩笔

1. 制作游戏板。(如图所示)

2. 选择2到7个学生。

3. 告诉学生他的带有减法计算题的"腿"的颜色。
4. 分发铅笔和纸。
5. 告诉学生在听到"开始"的指令时就开始在纸上做减法,用第一个方格中的数分别减去其余方格中的每一个数。
6. 如：

$$\begin{array}{r} 956 \\ -27 \\ \hline 929 \end{array} \qquad \begin{array}{r} 956 \\ -132 \\ \hline 824 \end{array} \qquad \begin{array}{r} 956 \\ -59 \\ \hline 897 \end{array}$$

7. 学生完成作业后检查每个问题,以确保正确。
8. 指出正确完成他的"腿"上的所有题目的学生就是获胜者。

5.35 使用 1/2,1/4,1/3,2/3,3/4 来解决问题

活动主题:分数理解

能力要求:视力、动手能力

兴趣水平:小学

材料:纸板、角钉、水彩笔

1. 制作带有5个分区的"纺纱机",这5个分区的便签分别为1/2,1/4,1/3,2/3和3/4。(如图所示)

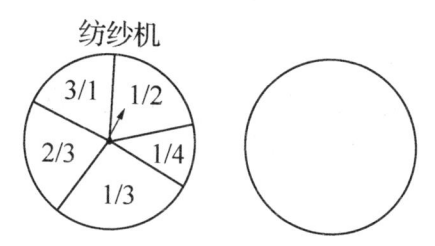

2. 用纸板做几个直径约 10 cm 的圆形并涂色,使之看起来像空"圆饺"皮。
3. 至少再给6个圆形涂色,使它们看起来像樱桃和柠檬派,然后把它们按照"旋转球"上的标签剪成几部分。
4. 发给每个学生一个空的"圆饺"皮,并让他选择制作柠檬派或樱桃派。
5. 把"圆饺皮"块儿堆放在学生面前。
6. 让他们"纺纱"、读分数并选择"圆饺皮"上所需的部分。
7. 让他们把所选的那一块放在"圆饺皮"上,继续轮流下去直到完成任务。
8. 指出第一个正确完成"圆饺皮"制作任务的学生就是获胜者。

■ 5.36　练习与3相关的乘法（如：3×9＝27）

活动主题：乘法游戏

能力要求：视力、动手能力

兴趣水平：小学

材料：纸、剪刀、铅笔

1. 选择一定的图案的画纸，如心形或太阳圆形等。
2. 用锯齿线把这些象征物一分为二，以便让它们在组合起来的时候又是一个整体。
3. 在象征物的一半上写出基本的乘法算式，在另一半上用点状图形显示结果（如图所示）。

4. 把象征物的块儿、纸和笔发给学生。
5. 让学生把乘法算式同点状图形相匹配，从而组合成一张整体。
6. 让学生在纸上写出算式和答案。

■ 5.37　应用加减法解决文字题

活动主题：加减游戏

能力要求：视力、动手能力

兴趣水平：小学、中学生

材料：索引卡、遮窗纸、纸板、水彩笔

1. 为每个学生准备12个约5 cm见方的正方形，6个正方形上有加号，6个正方形上有减号。

2. 为每个学生剪出一个约 20 cm×30 cm 的纸板,并把它分成 9 份。
3. 在中间的一份写上"自由空间"。
4. 其余的几份分别写上"花费、失去、找到、收到礼物、攒钱、买、卖"或"把礼物送人"等(如图所示)。
5. 让学生把教师念到的文字用带有加号或减号的正方形覆盖住。
6. 指出把所有的文字都正确覆盖的学生就是获胜者。让他成为下一个读这些文字的人。

花费	失去	找到
收到礼物	自由空间	攒钱
买	卖	把礼物送人

5.38 练习与3相关的除法(如:15/3=5)

活动主题:除法游戏
能力要求:视力、动手能力
兴趣水平:小学
材料:纸板、图画纸、水彩笔、剪刀、信封

1. 用约 24 cm×30 cm 的纸板做一个游戏板。
2. 剪出 6 到 10 个鱼缸并粘贴在纸板上。
3. 画出鱼的形状并剪下来。
4. 在每条鱼上写出除法算式(如图所示)。

5. 在每个鱼缸上,写出列在鱼身上的除法算式的相应答案。

6. 鱼缸上的答案可能对应的不只一条鱼。

7. 把信封粘贴在纸板的后面来存放这些鱼。

8. 让学生把数学题与鱼缸上的答案相匹配。

9. 把匹配错误的鱼放回桌子上,演示正确答案并让学生再试一遍。

10. 教师还可以制作游戏板来练习加法、减法,或者把数字同数字的名字相匹配。

5.39 练习9以内的乘法组合和除法

活动主题:乘法游戏

能力要求:视力、动手能力

兴趣水平:小学

材料:作业纸、铅笔、纸

1. 准备带有数字的作业纸,上面有隐藏的乘法。
2. 把这张作业纸设计一下,让横向、竖向分别有4行(如图所示)。

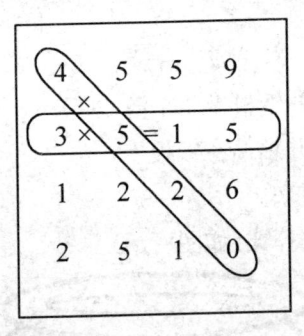

```
4  5  5  9
×
3 × 5 = 1  5
1  2  2  6
2  5  1  0
```

3. 复印作业纸,使学生人手一份。
4. 发给每个学生作业纸和铅笔。
5. 告诉学生找出乘法算式并把它圈起来,还要为乘法算式添上乘号和等号。
6. 让学生继续在整张作业纸上寻找。
7. 找出最多乘法算式的学生就是获胜者。

5.40 用两位数乘以或除以一位数

活动主题:乘除游戏

能力要求:视力、动手能力

兴趣水平:小学

1. 用纸板制作带有 50 个方格的游戏板,并在每个方格上填上数字(如图所示)。

开始	24	49	27	12	52	18	60
							23
	14	40	80	17	55	34	72	42
		81
	31	65	19	56	10	36
						25
72	18	45	65	32	70	64	28
20
16	35	91	25	48	17	36	40
							21
胜利!	63	26	47	73	24	15	56

2. 在几张约 8 cm×13 cm 的卡片上打印上数字 2 到 9。
3. 把卡片打乱顺序。
4. 发给每个学生纸和笔。
5. 让学生从这堆卡片中挑选一张卡片并用游戏板上的第一个数字除以这张卡片上的数字。
6. 如果学生答对了这道题,让他移动与余数相等的空间数。
7. 如果没有余数或者学生做错了这道题,告诉下一个学生轮到他了。
8. 指出第一个围着纸板绕了一整圈的学生就是获胜者。

5.41 用三位数或四位数乘以或除以一位数

活动主题:乘除游戏

能力要求:视力、动手能力

兴趣水平:小学

1. 用纸板制作带有 50 个方格的游戏板,并在每个方格上填上数字。
2. 在几张约 8 cm×13 cm 的卡片上打印上数字 2 到 9。
3. 把卡片打乱顺序。
4. 发给每个学生纸和笔。
5. 让学生从这堆卡片中挑选一张卡片并用游戏板上的第一个数字除以这张卡片上的数字。
6. 如果学生答对了这道题,让他移动与余数相等的空间数。
7. 如果没有余数或者学生做错了这道题,告诉下一个学生轮到他了。
8. 指出第一个围着纸板绕了一整圈的学生就是获胜者。

5.42 用乘法或除法解决文字题

活动主题:乘除游戏

能力要求:视力、动手能力

兴趣水平:小学、中学生

1. 为每个学生准备 12 个 5 cm 见方的正方形,其中 6 个正方形上带有乘号,6 个正方形上带有除号。
2. 为每个学生剪出一个 20 cm×30 cm 的纸板,并把它分成 9 份。
3. 在中间的一份写上"自由空间"。
4. 其余的几份分别写上"花费、失去、找到、收到礼物、攒钱、买、卖"或"把礼物送人"等(如图所示)。
5. 让学生把你念到的文字用带有乘号或除号的正方形覆盖住。
6. 指出把所有的文字都正确覆盖的学生就是获胜者。
7. 让他成为下一个读这些文字的人。

花费	失去	找到
收到礼物	自由空间	攒钱
买	卖	把礼物送人

5.43 用四位数乘以或除以两位数

活动主题：乘除游戏
能力要求：视力、动手能力
兴趣水平：小学、中学生、青少年

1. 用纸板制作带有 50 个方格的游戏板,并在每个方格上填上数字。
2. 在几张约 8 cm×13 cm 英寸的卡片上打印上数字 12 到 19。
3. 把卡片打乱顺序。
4. 发给每个学生纸和笔。
5. 让学生从这堆卡片中挑选一张卡片并用游戏板上的第一个数字除以这张卡片上的数字。
6. 如果学生答对了这道题,让他移动与余数相等的空间数。
7. 如果没有余数或者学生做错了这道题,告诉下一个学生轮到他了。
8. 指出第一个围着纸板绕了一整圈的学生就是获胜者。

5.44 用三位数或四位数乘以或除以两位数

活动主题：乘除游戏
能力要求：视力、动手能力
兴趣水平：小学、中学生、青少年

1. 用纸板制作带有 50 个方格的游戏板,并在每个方格上填上数字。
2. 在几张约 8 cm×13 cm 英寸的卡片上打印上数字 12 到 19。
3. 把卡片打乱顺序。
4. 发给每个学生纸和笔。
5. 让学生从这堆卡片中挑选一张卡片并用游戏板上的第一个数字除以这张卡片上的数字。
6. 如果学生答对了这道题,让他移动与余数相等的空间数。
7. 如果没有余数或者学生做错了这道题,告诉下一个学生轮到他了。
8. 指出第一个围着纸板绕了一整圈的学生就是获胜者。

5.45 把分数化成小数(例如:3/4＝0.75)

活动主题:分数化小数游戏
能力要求:视力、动手能力
兴趣水平:小学、中学生、青少年
材料:索引卡、水彩笔

1. 用约 8 cm×13 cm 的卡片制作纸牌。
2. 在每张卡片的左边画出分数图形(如图所示)。

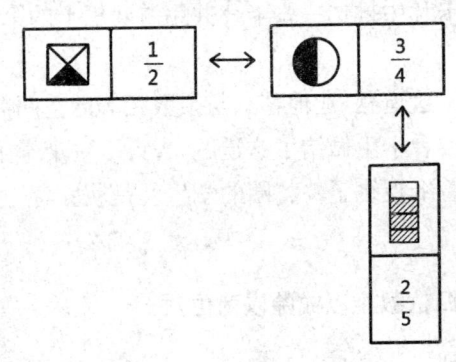

3. 在每张卡片的右边写出数字形式的分数,或者把分数写在一边,分数与左边图形可以不一致,把小数写在另一面。
4. 多准备几份同样的分数图形和分数,以便让不同卡片的两边也可以相匹配。
5. 让学生在房间内"筑路",这条"路"从房间内的前边一直通向后边,而后边有一个惊喜箱。他们可以通过把数字形式的分数和分数图形相匹配来"筑路"。
6. 告诉学生如果他们能正确匹配纸牌,他们将会得到惊喜箱里的东西。
7. 把食物奖品、自由时间奖励卡、特殊艺术项目奖励卡或其他奖励等放进惊喜箱里。

5.46 分数和小数的加减

活动主题:加减游戏
能力要求:视力、听力、语言、动手能力

五、数　学

兴趣水平:小学、中学生、青少年

材料:水彩笔、铅笔、记录纸、纸

1. 复制下列内容或准备一些类似的内容。

   男衬衫/女衬衫：　　素色 1/2　　印花 6/2

   牛仔裤/长裤：　　　格子 3/4　　补丁 10/4

   鞋：　　　　　　　皮革 10/6　　布 4/6

   短袜：　　　　　　白色 1/3　　花哨的 3/3

   重量：_____kg

   高度：_____cm

   你出生的月份：_____

   你出生的日子：_____

2. 发给学生纸和铅笔。
3. 让学生按要求填空。
4. 如果学生自己无法阅读,大声读给他听。
5. 让学生把所有的数字都加起来。
6. 检查学生所做的加法,把星星或笑脸奖励给计算正确的所有学生。
7. 如果学生做错了,和他一起检查错误原因并让他再试一次。
8. 指出得数最大的学生就是获胜者。

5.47　分数和小数的乘除

活动主题:乘除游戏

能力要求:视力、听力、语言、动手能力

兴趣水平:小学、中学生、青少年

材料:水彩笔、铅笔、记录纸、纸

1. 复制下列内容或准备一些类似的内容。

   男衬衫/女衬衫：　　素色 1/2　　印花 6/2

   牛仔裤/长裤：　　　格子 3/4　　补丁 10/4

   鞋：　　　　　　　皮革 10/6　　布 4/6

   短袜：　　　　　　白色 1/3　　花哨的 3/3

   重量：_____kg

高度：_____cm

你出生的月份：_____

你出生的日子：_____

2. 发给学生纸和铅笔。
3. 让学生按要求填空。
4. 如果学生自己无法阅读，大声读给他听。
5. 让学生对所有的数字做乘法计算。
6. 检查学生所做的乘法，把星星或笑脸奖励给计算正确的所有学生。
7. 如果学生做错了，和他一起检查错误原因并让他再试一次。

六、实用数学

■ 6.01 被问到"现在是休息、午饭、睡觉时间吗?"等问题时看钟表或寻找钟表

活动主题:时间游戏

能力要求:视力、听力、语言

兴趣水平:学前、小学

材料:纸板、笔

1. 绘制4个钟面,在上面分别贴上标签"上学时间、休息时间、午饭时间"和"回家时间"。在每个钟面上画出正确的时间。
2. 让学生看表。
3. 指着钟面上的图表,问:"现在是上学时间吗?"
4. 让学生看到两个钟面上的指针处于相同位置。
5. 问学生可以在哪里看到时间。
6. 表扬每一个说"看钟表"的学生。
7. 问:"现在是休息时间吗?"
8. 表扬每一个看钟表的学生,不管他们是否回答。
9. 在一段日子里继续参照钟表,直到学生们明白钟表的用途。
10. 逐步介绍时间和例行活动的关系。

■ 6.02 在一组物体中选出长、较长、最长的一个

活动主题:长短排序

能力要求:视力、动手能力

兴趣水平:学前、小学

材料:木销钉、纸板、胶带

1. 准备 7 个木销钉,大小约为 0.6 cm×80 cm。
2. 把一个木销钉锯成 4 部分,长度分别为:8 cm、16 cm、24 cm 和 32 cm。
3. 继续把其余的 6 个木销钉分别锯成 4 部分,每部分的长度分别增加 8 cm,直到你有 10 根木棒,而且第 10 根木棒的长度是 80 cm。
4. 用彩色标签布置一个 46 cm×92 cm 大的地方,并且用胶带贴在离垫子左边 46 cm 的位置,以便让学生在木销钉的左边有胶带的地方排队,从而便于组织活动。
5. 选择 2 个木销钉并询问哪一个更长。
6. 继续比较 2 个木销钉,直到学生领会。
7. 选择 3 个木销钉并询问哪一个比较长、哪一个最长。
8. 继续比较 3 个木销钉,直到学生领会。
9. 示范把木销钉从短到长进行排序的任务。
10. 把最短的木销钉放在垫子的顶端,让左边的一头靠近胶带。
11. 把下一个最短的木销钉放在垫子上的相同位置,在第一根的下面。
12. 继续下去,直到把所有的木销钉都放在垫子上。
13. 让学生独自完成任务。让他用木销钉做实验。
14. 询问学生放错位置的原因,努力让学生发现其内在的逻辑,再次示范并解释正确的摆放动作。
15. 让学生在你的观察下再试一遍。
16. 如果学生再次出错,去掉几个木销钉。

6.03 在一组物体中选出较重、较轻和重量相同的物体

活动主题:轻重排序

能力要求:视力、动手能力

兴趣水平:小学

材料:10 个重量不同/相同的物体、眼罩

1. 在桌子上分别放置 10 个重量不同和重量相同的物体。
2. 让学生戴上眼罩。
3. 把一个物体交给学生。
4. 让学生找出另外一个比他所拿的物体较重、较轻和同样重的物体。

5. 如果学生出现错误,讨论物体的重量。然后把另外一个物体交给学生,让他重新进行比较。
6. 如果学生表现正确,给他记分,然后继续比较下一个物体。
7. 继续下去,直到学生比较了所有的物体。
8. 教师还可以让学生观察并猜测哪个物体较重、较轻或者等重。
9. 讨论哪些猜测是正确的,了解每个正确猜测的分值。
10. 指出得分最多的学生就是获胜者。

6.04 用硬币交换心仪物品,不考虑价值

活动主题:购物游戏
能力要求:视力、听力、语言
兴趣水平:学前、小学
材料:硬币、商店物品、玩具收银机

1. 收集几个空的食品容器(如:用来充当商店物品的牛奶箱、谷类食品盒等)。
2. 准备几枚硬币和玩具收银机。
3. 把物品像商店里那样摆放(如:摆放在柜台展示架或课桌上)。
4. 向学生展示一下"商店"。
5. 让一个学生充当收银员。
6. 发给每个学生一些硬币。
7. 告诉学生这是一个模拟的商店。
8. 让学生用他们的硬币买几样物品。
9. 让学生在收银台付账,把硬币交换成物品。
10. 允许学生把他们所购买的一样东西带回家。

6.05 匹配硬币

活动主题:币值匹配游戏
能力要求:视力、听力、语言、动手能力
兴趣水平:小学
材料:游戏纸币/硬币、纸、立方体、胶带

1. 把想要的某些面额的图案用胶带粘贴在边长为 2.5 cm 立方体的各个表面上,这样一个骰子就做好了。
2. 找到并剪出一些硬币的图片。
3. 把教学所想要的某些面额的图片贴在边长为 2.5 cm 的立方体的各个表面上。
4. 用游戏纸币或硬币开设一家游戏银行。
5. 让学生掷骰子,并从游戏银行里取出与骰子上同等数额的钱。
6. 告诉学生如果他的匹配正确,他可以留着这枚硬币。
7. 指出在预定时间结束的时候获得最多硬币的学生就是获胜者。
8. 教师可以让学生说出骰子上硬币的名字,以此来增加难度。

■ 6.06 通过增加物体让一个预先调好的天平保持平衡

活动主题:等式游戏
能力要求:视力、听力、语言、动手能力
兴趣水平:小学
材料:天平、不同重量的物体

1. 准备一个天平。
2. 把不同重量的物体放在天平上。
3. 让学生轮流通过一次增加或减去一个物体来达到天平的平衡。
4. 鼓励学生猜测还需要多少重量,而不是随意地增加或减少重量。
5. 第一个找出物体与预先设定的重量相等的学生就是获胜者。

■ 6.07 说出硬币的面值

活动主题:硬币辨认
能力要求:视力、听力、语言、动手能力
兴趣水平:小学
材料:物体、硬币、容器

1. 把 3 到 5 个熟悉的、易于操作的物体放在学生前面,如:硬币、方块、蜡笔等。
2. 让学生说出教师所指的每个物体的名字。

3. 如果学生不认识教师所指的硬币,告诉他这枚硬币的面值。
4. 让学生反复辨认,直到他能够说出教师所指着的硬币的面值是多少。
5. 把每个物体分别放进一个箱子或袋子里,在此期间,让学生闭着眼睛。
6. 让学生在不用眼睛看的情况下,摸一摸每个袋子里的物体,并告诉教师哪个袋子里有硬币。
7. 如果学生能成功说出哪个袋子里有硬币,让他在摸到每个物体时说出它们的名字。

■ **6.08 从一角硬币、五角硬币和一元硬币中把一角硬币挑出来**

活动主题:币值辨识

能力要求:视力、动手能力

兴趣水平:小学

材料:一角硬币、五角硬币和一元硬币

1. 把一角硬币展示给学生看。
2. 让学生拿着它说出它的面值。
3. 讨论它是什么颜色、它的正面和反面有什么图案。
4. 在桌子上,把一角硬币放在五角硬币和一元硬币的旁边。
5. 分别讨论一角硬币和五角硬币、一元硬币的区别。
6. 告诉学生,教师将要把一角硬币和另外两枚硬币混在一起来迷惑他们,看他们能不能把一角硬币找出来。
7. 把硬币混在一起。
8. 询问学生能否把一角硬币找出来,或者询问他们是否被迷惑了。
9. 继续下去,直到学生每次都能把一角硬币都挑出来。

■ **6.09 说出一角硬币和五角硬币的面值**

活动主题:币值辨认

能力要求:视力、语言、动手能力

兴趣水平:小学

材料:8 cm×12 cm 的卡片、硬币图章

1. 介绍硬币图章和图章上每枚硬币的名字。
2. 让学生在 8 cm×12 cm 的卡片上印上尽可能多的、不重叠的一角硬币和五角硬币,同时一边印上硬币图案一边说出图案上硬币的面值。
3. 数一数每张卡片上硬币的数量并把硬币数量最多的卡片作为"世界冠军"裱在布告栏上。
4. 鼓励学生在将来的挑战中努力超越现在的"世界冠军"。
5. 保留冠军名单。

■ 6.10 从一角硬币、五角硬币和一元硬币中把一角硬币或五角硬币挑出来

活动主题:币值辨认

能力要求:视力、听力、语言、动手能力

兴趣水平:小学

材料:硬币、卡片、跑表

1. 把 10 枚一角硬币、10 枚五角硬币和 10 枚一元硬币堆放在学生前面。
2. 把 1 枚一角硬币或 1 枚五角硬币或 1 枚一元硬币放在卡片的后面,以便不让学生看到。
3. 把卡片举起 5 秒钟,让学生看到硬币。
4. 让学生说出硬币的面值。
5. 让学生在 15 秒内拿走尽可能多的那一种硬币。
6. 如果学生有拿错的硬币,讨论一下这些硬币的面值并让他保留所有应拿的硬币。
7. 让学生找出与被展示的硬币面值相等的硬币,以此来增大难度。

■ 6.11 说出 1 角和 5 角、1 元、2 元硬币的面值

活动主题:币值匹配

能力要求:视力、动手能力

兴趣水平:小学

材料:索引卡、水彩笔、硬币

1. 让学生坐在地板上围成一个大圆圈。

2. 在他们的衬衫上别上标签,上面分别写着 1 角、5 角、1 元、2 元。
3. 把几枚硬币放在圆圈的中央。
4. 告诉学生游戏的目标是找到和他们的标签上所示钱数相匹配的硬币。
5. 给匹配成功的学生计分。
6. 让学生记录他们自己的分数。
7. 指出得分最多的学生就是获胜者。

6.12 从一堆硬币中选出一角硬币、五角硬币和一元硬币

活动主题: 币值辨认

能力要求: 视力、语言、动手能力

兴趣水平: 小学

材料: 硬币、纸、铅笔

1. 让学生在纸上画一个人形。
2. 在学生前面摆出 3 枚一角硬币、4 枚五角硬币、6 枚一元硬币。
3. 说出每个硬币的面值。
4. 告诉学生他们可以根据教师的指令通过摆放硬币做一个人形,让这个人形像他们的画一样。
5. 让学生把 1 枚一角硬币当作人的头。
6. 告诉学生在人的身体上摆放 1 枚一元硬币,两条腿上分别摆放 2 枚一元硬币,两只胳膊上分别摆放 1 枚一元硬币,每只手和每只脚上分别摆放 1 枚一角硬币。
7. 为学生做出正确的示范,并让学生再试一次。
8. 当学生正确完成人体布局的时候,让他们说出每个硬币的面值。

6.13 比较硬币的面值

活动主题: 币值辨认

能力要求: 视力、语言、动手能力

兴趣水平: 小学

材料: 作业纸、纸、笔

1. 准备带有2个不同硬币图案的作业纸。
2. 在作业纸上写上:"把面值较大的硬币圈起来。你愿意要这两枚硬币中的哪一枚?"
3. 复印作业纸,让学生人手一份。
4. 发给每个学生作业纸和铅笔。
5. 告诉学生看一看第一个问题,询问他们哪一枚硬币面值较大? 他们愿意要哪一枚?
6. 如果学生回答正确,让他把这枚硬币圈起来并完成作业。
7. 如果学生回答错误,为他示范正确的回答并在他做下一道题时进行观察。
8. 学生做完作业后,教师在教室内巡回走动并回到正确的问题上。

■ 6.14 读钟面上的数字,把指针的位置同例行活动联系起来

活动主题:时钟游戏

能力要求:视力、动手能力

兴趣水平:小学、中学生

材料:指针可移动的玩具钟表

1. 发给每个学生带有可移动指针的玩具钟表或纸质钟表。
2. 用哑剧表演他们一天中在学校和在家的时间安排。
3. 例如:
4. 7:00 起床(打哈欠、伸胳膊)。
5. 7:30 吃早饭。
6. 8:00 梳妆。
7. 8:30 赶公交车。
8. 9:00 在操场上自由活动。
9. 9:30 上课。
10. 让学生在教师表演日常活动时,如:刷牙、赶公交车或吃晚饭时,把钟表上的指针移动到整点或半点钟。
11. 让学生来确定日程表并表演哑剧。

六、实用数学

6.15 使用和线段一样长的工具来测量

活动主题:测量游戏

能力要求:视力、听力、语言、动手能力

兴趣水平:小学

材料:不同颜色的皱纹纸、有趣的蛇头画、骰子、糨糊、尺子、剪刀

1. 准备一个蛇头模板。
2. 把不同颜色的圆贴在骰子每一面的点上。
3. 剪出 6 块不同长度的厚纸板,并分别把骰子上的一种颜色贴在上面。
4. 让每个学生都剪出自己的蛇头。
5. 让学生掷骰子并按照骰子的点数及骰子上的颜色所示剪出相应长度的皱纹纸。
6. 借助尺子来实现这一过程。
7. 如果皱纹纸的长度正确,让学生把它粘贴在蛇头上(如图所示)。

8. 继续下去,直到所有的学生都有好几次机会。
9. 在蛇尾上新增加一些长的纸。
10. 在这堂课结束的时候,指出:谁的蛇最长,谁就是获胜者。

6.16 通过在天平上增加物件来达到预先标记的重量

活动主题:等量游戏

能力要求:走动、视力、动手能力

兴趣水平:小学

材料:体重秤、书

1. 在体重秤上放一些重物让它达到预先设定的重量。这一重量要大于教师将要用到的第一个学生的体重。
2. 让第一个学生站在天平上。
3. 询问其他学生,教师是否需要增加更多物件或拿掉一些物件。

4. 鼓励学生把书或其他物件放在天平上,直到天平达到平衡。
5. 让学生决定每次增加多少重量。
6. 给予他们指导,但不要给出答案。

■ **6.17** 使用均匀分布在某一工具上的标记来测量比这一工具短的线段

活动主题:测量游戏

能力要求:视力、动手能力

兴趣水平:小学

材料:纸板、笔、尺子、索引卡、油彩笔

1. 准备 4 条"跑道"。
2. 在索引卡上写出指令"前进 6 cm"或者"前进 10 cm"。
3. 制作故障卡,如"发动机故障,后退 5 cm"或者"爆胎,回到起始点"。
4. 把卡片打乱顺序并把它们正面朝下放置。
5. 发给每个学生尺子和油彩笔。
6. 让学生把卡片放在起始点。
7. 告诉学生轮流抽取卡片和通过用尺子测量距离来服从指令。
8. 如果学生测量正确,让他待在原地。
9. 如果学生测量错误,让他回到最初的位置上。
10. 指出第一个越过终点线的学生就是获胜者。

■ **6.18** 测量一个容器内物体的容积,在容器上做出标记线

活动主题:测量游戏

能力要求:视力、动手能力

兴趣水平:小学

材料:量杯、小点心、胶带、饮料

1. 收集塑料容器并把他们装满可以测量的食物,如:炒花生。
2. 在几个塑料量杯的不同刻度上贴上胶条。
3. 让学生轮流把容器里的食物装进量杯,直到量杯胶条所在的刻度。
4. 告诉学生,如果他们装进量杯里的食物刚好到胶条处,他们就可以吃里面的食物。

5. 在学生的能力提高之后,摆放不同类型的液体,如:巧克力牛奶、柠檬汁。在液体外包装上打孔并让学生用这些液体来练习。
6. 允许学生喝少量的他们能够正确测量的每一种液体。

6.19 连续说出一星期内每一天的名字

活动主题:日历游戏
能力要求:视力、动手能力
兴趣水平:小学
材料:纸板、杂志、胶水

1. 把大型的杂志图片贴在纸板上。
2. 把图片剪成7个平行水平方向的长条。
3. 在每个长条的背面分别贴上标签,最上面的是星期日,接下来依次贴上星期一到星期五的标签,最下面的是星期六。
4. 把这些长条放进厚纸做的文件夹里,以便在打开文件夹的时候,带标签的一面会显示出来。
5. 让学生打开文件夹并把这些日子按正确顺序排列,不要让学生看到带有图片的一面。
6. 合上文件夹,把它翻过来放置,并让学生重新打开文件夹,从而露出长条上带有图片的一面。
7. 如果图片的顺序摆放得当,杂志图片就会正确呈现。
8. 如果图片没有正确呈现,让学生在教师的帮助下重复这个活动。

6.20 把"今天""明天""昨天"和一周内其他的日子联系起来

活动主题:日历游戏
能力要求:视力、听力、语言、动手能力
兴趣水平:小学
材料:纸板、索引卡、笔

1. 准备一些游戏板,上面用每个方格分别代表一星期中的每一天,但这些方格不按顺序排列。

2. 准备问题卡片,这些问题是关于今天、明天和昨天的。如:从明天起两天;今天之后的那一天;昨天之前的那一天。
3. 讨论今天、明天和昨天的关系。
4. 让学生挑选卡片并移动到卡片上所指示的那一天。例如,如果卡片上写着"明天后面的那一天",学生就要把记号笔从星期一挪到星期三的位置上去。
5. 讨论学生的答案。
6. 如果学生的答案正确,就让他留在现在的位置上。如果学生的答案不正确,就让他返回到上一次的位置上。
7. 指出第一个完成游戏板上的任务的学生就是获胜者。
8. 教师还可以把一星期中的那几天分别写在卡片上,让学生根据问题卡片的指示选择正确的时间卡片。

■ 6.21 使用"之前"和"之后"来说明时间

活动主题:时钟游戏

能力要求: 视力、动手能力

兴趣水平: 小学

材料: 8 cm×12 cm 卡片、水彩笔、纸板

1. 用纸板制作钟面。
2. 用水彩笔在靠近边缘处写上数字。
3. 用标签纸剪出指针。
4. 用纽扣型纸夹把指针固定在钟面上。
5. 准备 15 张约 8 cm×12 cm 的卡片。
6. 在每张卡片的前面写上时间。
7. 把钟面上的指针随意移动到某一时间。
8. 让学生读一张卡片并告诉你卡片上的时间与钟表上的时间相比是在前还是在后。
9. 让他把钟面上的指针转到卡片上所写的时间。

■ 6.22 在日历上找出一星期中的每一天

活动主题:日历游戏

能力要求：视力、听力、动手能力

兴趣水平：小学

材料：8 cm×12 cm 卡片、水彩笔

1. 在 7 张 8 cm×12 cm 的卡片上分别打印上一星期中的每一天。
2. 准备两组任意排列的卡片。
3. 选择两个学生。
4. 让这两个学生分别把手放在他自己的肩膀上。
5. 告诉学生你将要说出一星期中的某一天，第一个指着那一天所对应的卡片的学生就会得分。
6. 说出某一天的名字。
7. 给第一个指出正确卡片的学生计分。
8. 在几轮之后把卡片打乱顺序并重复这个程序。
9. 继续这个游戏，直到预设的时间已满。
10. 数一数每个学生的得分。
11. 指出在游戏结束时得分最多的学生就是获胜者。
12. 教师还可以把日历放在学生前面并重复这一程序。

6.23　在日历上找出日期和数字

活动主题：日历游戏

能力要求：视力、听力、动手能力

兴趣水平：小学

材料：作业纸、日历、铅笔、豆子

1. 准备一张作业纸，上面带有某个月份的日历。
2. 为每个学生复印一份作业纸。
3. 发给每个学生一份带日历的作业纸和一把豆子。
4. 告诉学生你将要说出数字和一周中的某一天，他们需要把豆子放在日历中相应的格子里。
5. 给学生做示范，然后让学生在他们的日历上做标记。
6. 告诉学生连续标记 5 个格子就成功了。
7. 使用不同的旧日历来玩这个游戏。

6.24 用上午、下午、晚上来描述一天中的部分时间

活动主题：时间游戏

能力要求：视力、语言、动手能力

兴趣水平：小学

1. 在黑板上写出"上午""下午"和"晚上"。
2. 解释这些词语是什么意思。
3. 让学生说出他们在上午、下午和晚上所做的一些事情。
4. 从每个学生的回答中找出关键词,并把关键词写在黑板上相应的时间下面。
5. 让学生用"上午""下午"或"晚上"以及写在它们下面的一个词语来造句。
6. 做出必要的提示,如:"在上午,我……"并且让学生来完成句子。

6.25 在分针指向 12 时,说出整点钟的时间

活动主题：时间游戏

能力要求：视力、听力、语言、动手能力

兴趣水平：小学

材料：纸、剪刀、棍子、胶带、笔

1. 在纸上剪出一个直径约为 12 cm 的圆形。
2. 把这个圆形贴在墙上。
3. 用彩色图画纸剪出大的分针和小的时针。
4. 把时针贴在短棍上。
5. 每次让一个学生充当钟表先生——站在钟面前边并面向全班学生,每只手分别举着一个指针,移动时针而让分针保持在 12(如图所示)。

6. 让钟表先生选择一些学生来说出他所展示的是几点钟。

■ 6.26　说出包含一刻钟的时间,如 15/30/45 分钟

活动主题:时间游戏
能力要求:视力、动手能力
兴趣水平:小学

材料:纸板、水彩笔、标签纸、纽扣型纸夹

1. 用纸板制作钟面。
2. 用水彩笔在靠近边缘处写上数字。
3. 用纸板剪出指针。
4. 用纽扣型纸夹把指针固定在钟表上。
5. 准备 15 张约 8 cm×12 cm 的卡片。
6. 在每张卡片的正面写上时间。
7. 在每张卡片的背面画出钟面来显示这一时间(如图所示,图片上的"正面"和"背面"这两个词应调换位置才能与文字内容相符)。

8. 让学生读出卡片正面上的时间。
9. 告诉他把钟面上的指针转到那一时间。
10. 让学生把卡片翻过来核对一下答案。

■ 6.27　使用较短的工具来测量并数一数长度

活动主题:测量游戏
能力要求:视力、语言、动手能力
兴趣水平:小学
材料:纸、蜡笔、尺子、剪刀

1. 发给每个学生一张足够长的纸,让他们可以平躺在上面。
2. 让另一个学生帮助记录其中一个学生的身体轮廓。
3. 让学生画出他自己的面部特征、头发、衣服、颜色等。
4. 发给学生剪刀,让他剪出自己的轮廓。
5. 让学生用 30 cm 长的尺子测量他自己的身体轮廓有多高。他可能回答"2 尺高"。
6. 如果教师感到学生能够理解"部分"这一概念,发给每个学生尺子的一部分,如半尺或四分之一尺,来测量余下的部分轮廓。
7. 让所有的学生说出他们有几尺高。
8. 几个月之后再做一次这个活动。
9. 如果学生长高了,让他们确定增长了多少。

6.28 说出钞票的面额并比较价值

活动主题:面额比较
能力要求:视力、动手能力
兴趣水平:小学
材料:玩具钞票、布告栏、别针

1. 准备面额为 1 元、5 元、10 元的玩具钞票。
2. 发给每个学生 10 张 1 元的玩具钞票、2 张 5 元的玩具钞票和 1 张 10 元的玩具钞票。
3. 让学生举起 1 元的玩具钞票,同时说"1 元"。
4. 让学生举起 5 元的玩具钞票,同时说"5 元"。
5. 让学生举起 10 元的玩具钞票,同时说"10 元"。
6. 讨论比较价值。
7. 在布告栏上把 5 张 1 元的玩具钞票用针别在 1 张 5 元的玩具钞票旁边,然后继续用其他面额的玩具钞票做比较。
8. 让学生看着布告栏并把这些玩具钞票相匹配。
9. 把布告栏盖住。
10. 让学生展示 5 元是由多少 1 元组成的。

6.29　把面额小的硬币组合起来,使之与面额较大的硬币等值

活动主题:币值计算

能力要求:视力、动手能力

兴趣水平:小学

材料:纸、铅笔、硬币

1. 准备作业纸来计算钱币。
2. 在作业纸上写上"范例"标题,在标题下面作业纸的左边列出 2 元 3 角、3 元 7 角、4 元 5 角、5 元 2 角、3 元 3 角和 7 元 5 角。
3. 在标题下面作业纸的右边画出适当数目的圆圈来代表与左边等值的硬币。
4. 例如,在 2 元 3 角的旁边你可以画 5 个圆圈让学生填上 2 个 1 元和 3 个 1 角。
5. 发给学生作业纸和铅笔。
6. 告诉学生从第一道题开始,数出正确数量的硬币,看看它们是怎样加起来的。
7. 告诉学生用同样的方法做第二道题。
8. 观察学生是否答对了硬币的题目。
9. 如果学生答对了一道题目,让他继续填充其他的硬币题目。
10. 如果学生做错了,教给他怎样标记硬币并观察他做下一道题目。
11. 学生完成作业后检查他的作业纸。
12. 如果学生有困难,准备真正的硬币并展示怎样完成任务。

6.30　说出所数的数量结果

活动主题:数鸡蛋

能力要求:视力、动手能力

兴趣水平:小学

材料:鸡蛋状物品、蛋盒

1. 为每个学生提供 12 个椭圆的鸡蛋形状物品。
2. 让学生在这些形状上写出 1 到 12。
3. 让学生用蜡笔装饰鸡蛋。

4. 发给每个学生一个空的鸡蛋盒。
5. 让学生把每个装饰过的鸡蛋放进鸡蛋盒里。
6. 把鸡蛋放进盒子的时候分组来数。
7. 解释说 12 个鸡蛋组成一打。
8. 让学生回答问题"一打有多少个"。用同样的方法来展示半打有多少个。

6.31 说出线形测量结果

活动主题:测量游戏
能力要求:视力、动手能力
兴趣水平:小学
材料:尺子

1. 为每个学生准备一把 30 cm 长的尺子。
2. 把尺子发给学生。
3. 让学生在你说出 1、2 等数字的时候指着这些数字。
4. 用尺子在黑板上画出标记。
5. 在标记旁边写上"1 cm"。
6. 让学生用他们的尺子在纸上做标记。
7. 让学生在他们的标记旁边写上"1 cm"。
8. 用同样的方法标记出 3 尺等于 1 米。

6.32 用带有几条标线的容器测量达到某个具体标线的液体

活动主题:测量游戏
能力要求:视力、动手能力
兴趣水平:小学、中学生
材料:刻度的容器、卡片

1. 准备带有刻度的容器,如:杯子、500 毫升的量器、1 升的量器等。
2. 准备一些 8 cm×12 cm 的卡片,每张卡片上带有杯子、毫升或升的文字和图片。
3. 让学生围在桌子边。
4. 发给每个学生三张卡片,卡片上分别带有不同的文字和图片。

5. 向容器中倒水,直到标线处,让学生把正确的卡片出示给你。
6. 继续做毫升和升的演示。
7. 让一个学生倒水,其他学生出示卡片。
8. 通过演示液体的比较值来进行拓展。

■ **6.33** 在一个带有重量标度的秤上加放物件来达到指定的重量

活动主题:称重游戏
能力要求:视力、语言、动手能力
兴趣水平:小学、中学生、青少年
材料:体重秤、物件等

1. 准备带有数字刻度的体重秤或数字显示秤。
2. 准备书、岩石等物品。
3. 让学生站在秤上,读出秤的读数。
4. 告诉学生他们必须挑选足够的物品让读数增加到规定的重量。
5. 让学生读出新的重量。
6. 让每个学生都有机会站在秤上和通过增加物品来达到一个指定的重量。
7. 教师还可以使用物品来达到指定的重量。

■ **6.34** 把一些硬币组合起来,使之达到一个有余数的总数,如:2元4角

活动主题:币值计算
能力要求:视力、语言、动手能力
兴趣水平:小学、中学生、青少年
材料:纸板、纸、玩具钞票、水彩笔、铅笔

1. 准备玩具钞票。
2. 在一块大的纸板上写一个简单的菜单,上面的8道菜总共只要2元或更少的钱。
3. 列出每道菜的价钱、图片和名称。
4. 在几张纸上制作不同的菜单,每张菜单上有3道菜。
5. 菜单上写上菜名。不包括价钱。
6. 让每个学生选一张菜单。

7. 告诉他们找出每道菜的价钱，读一读，然后把价钱写在菜名的右边。
8. 让他们算出菜单上这3道菜的总价，用他们的玩具钞票买单，同时进行所需的硬币组合。

■ **6.35** 把一些硬币组合起来，使总量为奇数，如：4元9角

活动主题：币值计算
能力要求：视力、语言、动手能力
兴趣水平：小学、中学生、青少年
材料：纸板、玩具钞票

1. 用纸板剪出不同的形状。
2. 在每个形状上写出金额，一直到4元9角。
3. 把所有的形状都堆放在桌子上。
4. 分发玩具钞票。
5. 告诉学生轮流在这一堆的上面拿掉一个形状，并读一读上面写的金额。
6. 让学生在玩具钞票中挑出相同数额的零钱。
7. 如果学生数出了正确数额的零钱，他可以留着那个形状。
8. 如果学生数出的钱数不正确，给他示范正确的数额并让他把那个形状放回原处。
9. 拿到最多形状的学生就是获胜者。

■ **6.36** 把一些硬币组合起来，使总量为奇数，如：9元9角

活动主题：币值计算
能力要求：视力、动手能力
兴趣水平：小学、中学生、青少年
材料：纸板、骰子、硬币、水彩笔、记号笔

1. 制作一个叫作"钱币游戏"的游戏板，上面写上14到99之间的任意一个钱数，如19。
2. 把玩具硬币和一个骰子放在桌子上。
3. 让学生轮流掷骰子并把玩具硬币移动到骰子上所显示的空格数。

4. 让学生展示他从原位置移动到现在的位置上所需的硬币。如果他的反应正确,他就可以待在现在的位置上。
5. 如果学生展示的硬币数不正确,让他回到原先的位置。
6. 指出到达最后一个方格的学生就是获胜者。
7. 教师还可以增加机会卡,如"你把钱包里的钱忘在汽车里了,后退 2 格"。

■ 6.37 连续说出几个月份和当前月份的名字,在日历上找出月份所在的位置。

活动主题:日历游戏
能力要求:视力、语言、动手能力
兴趣水平:小学
材料:布告牌

1. 把布告牌分成 12 份,并把每 1 份标上一个月份的名字。
2. 选一些学生画出每个月份会发生哪些事情。
3. 在布告牌上讨论并展示这些图画。
4. 让学生在教师指着布告牌上相应的分区的时候,连续说出一年中几个月份的名字。
5. 进行必要的重复。
6. 让学生转过身并说出一年中月份的名字。
7. 根据需要使用图画作为提示。
8. 把当前月份的标志交给一个学生。
9. 让这个学生把这个标志放在正确的位置。
10. 让学生看着日历连续说出多个月份的名字。
11. 让一个学生找出当前月份并把另一个标志放在日历中正确的一页上。
12. 经常用布告牌和图画作为提示来进行复习。
13. 继续下去,直到不再需要提示。

■ 6.38 判断出 5 分钟的间隔时间

活动主题:时间游戏
能力要求:视力、动手能力

兴趣水平：小学、中学生、青少年

材料：钟面图章、纸、打印台、铅笔

1. 发给每个学生一张纸。
2. 让学生把纸折叠成 8 个正方形。
3. 允许学生用钟面图章在每个正方形上印上一个钟表的图案。
4. 让学生在每个钟面外边写出每两个时间整点之间的分钟数（即 5 分钟）。
5. 让学生把"完成的"每一行钟表向后折叠，从而避免简单抄写以前的"分钟数"。
6. 观察学生的表现，以便确保学生理解了指令要求。
7. 根据学生书面作业中所反映出来的问题重新教授被学生误解的概念。

6.39 正确数出 5 角以内的零钱

活动主题：币值计算

能力要求：视力、听力、语言、动手能力

兴趣水平：小学、中学生、青少年

材料：硬币、玩具

1. 收集一些小玩具并给每个玩具贴上低于 1 元的价格标签。
2. 收集一些一角、五角、一元硬币。
3. 复习每个硬币的面值以及和他们等值的其他硬币。
4. 发给学生一枚硬币。
5. 让学生选择玩具，阅读标价并"付钱"给教师。
6. 示范找零钱的正确程序。
7. 例如，玩具的价钱是 5 角，而学生拿的是 1 元。教师需要在 5 角的基础上增加硬币，直到总数达到 1 元。而增加这些硬币就是教师需要找给学生的零钱。
8. 转换角色。教师来选择玩具，让学生找零钱。
9. 在这堂课结束的时候让学生留着这些玩具。
10. 如果学生有问题，时常给他们示范正确的反应。
11. 通过提高每个物品的价格和找零钱所需的硬币数额来增大难度。

6.40 正确数出 1 元以内的零钱

活动主题：找零游戏
能力要求：视力、动手能力
兴趣水平：小学、中学生、青少年
材料：纸板、图片、玩具钱币

1. 准备 20 个 8 cm×8 cm 的纸板。
2. 在玩具卡片上粘贴或画出一些对学生有吸引力的图片。
3. 在图片的旁边列出每个玩具的价格。
4. 在每个图片的下边画一些硬币，让这些硬币的总额多于玩具卡片的价格。
5. 在每张卡片的背面写上应找的零钱数额。
6. 指导学生用玩具钱币正确找零，或者让学生把卡片翻过来核对答案。

6.41 从多于 1 元的钱币中正确数出零钱

活动主题：找零游戏
能力要求：视力、动手能力
兴趣水平：中学生、青少年
材料：纸、铅笔

1. 准备一些分为三栏的作业纸。
2. 把第一栏标记为"购物所需的数额"，第二栏标记为"付给收银台的数额"。
3. 把第三栏标记为"应找的零钱数额"，并画出适当数量的圆圈和长方形来代表硬币和钞票，以补齐第一栏和第二栏中的数额之差。
4. 例如：如果第一栏是￥9.80，第二栏是￥20.00，就需要画 2 个圆圈和 1 个长方形来代表 2 个"1 角"和 1 个"10 元"。
5. 发给学生作业纸和铅笔。
6. 让学生看一看第一个问题中的前两栏。
7. 告诉学生在右边用圆圈和长方形画出第一个问题中应找的零钱数额。
8. 如果学生的答案正确，让他继续完成作业。
9. 如果学生的答案不正确，教给他如何解决问题并看着他做下一道题。
10. 学生做完作业后，检查他的作业纸。

6.42 说出线数和液体测量结果

活动主题：测量游戏
能力要求：视力、动手能力
兴趣水平：中学生、青少年
材料：纸板、剪刀、水彩笔

1. 用纸板制作有插图的测量卡。
2. 在卡片的左半边画出带有刻度线的量杯，上面显示出某一测得的数量。
3. 在卡片的右半边写出图片中所显示的测量结果。
4. 在左右两半之间画出锯齿形线段。
5. 把卡片沿着锯齿形线段剪开，从而做成拼图的两半。
6. 把卡片打乱顺序并把它们正面朝上摆放在学生前边的桌子上。
7. 让学生通过看图片和读测量结果来把卡片的两半进行匹配，然后把拼图拼起来。
8. 如果学生匹配错了，告诉他正确的匹配方法，并让他再试一次。

6.43 判断天平上物体的近似重量

活动主题：称重游戏
能力要求：视力、动手能力
兴趣水平：中学生、青少年
材料：纸、铅笔

1. 准备带有数字刻度的体重秤或数字显示秤。
2. 准备书、岩石等物品。
3. 让学生站在秤上，读出秤的读数。
4. 告诉学生必须挑选足够的物品让读数增加到规定的重量。
5. 让学生读出新的重量。
6. 让每个学生都有机会站在秤上和通过增加物品来达到一个指定的重量。
7. 教师还可以只使用物品来达到指定的重量。

六、实用数学

■ 6.44 把10进制的硬币和纸币相匹配

活动主题:币值匹配
能力要求:视力、动手能力
兴趣水平:中学生、青少年
材料:纸、铅笔

1. 准备作业纸,标题为"用另一种方式来表达"。
2. 在作业纸的左边列出几个数额,在右边画出几个空行,让学生在空行上用小数来填写这些数额。
3. 发给学生作业纸和铅笔。
4. 让学生读一读作业纸上的第一个数额,然后在它的右边用小数形式把它表示出来。
5. 如果学生答对了第一道题,让他完成作业纸上其余的题目。
6. 如果学生做错了第一道题,教给他解决问题的方法并看着他做下一道题。
7. 学生做完作业后,检查他的作业纸。

■ 6.45 以分钟为单位判断时间

活动主题:估时游戏
能力要求:视力、语言、动手能力
兴趣水平:中学生、青少年
材料:秒表、粉笔、铅笔、黑板、纸

1. 准备一个秒表。
2. 列出学生可以做的一些简单任务,如:分发试卷、给植物浇水。
3. 把每个学生的名字写在黑板上。
4. 教师让一名学生(假设叫王涛)给植物浇水,让其他学生猜一猜王涛的动作要用多长时间。
5. 把每个学生的估计写在黑板上相应的名字旁边。
6. 告诉王涛:"开始"的指令一发出,教师就开始用秒表计时,他就开始给植物浇水。
7. 发出"开始"的指令并开始计时。

8. 当王涛给植物浇完水的时候,结束计时并选择一个学生读出秒表上的读数。
9. 如果这个学生读出了正确的读数,告诉他可以为下一项任务计时。
10. 如果这个学生读错了,选择另一个学生来读。
11. 把时间写在黑板上,并把这一时间和学生所估计的时间相比较。
12. 让大家一齐为所猜测的时间与实际时间最接近的学生鼓掌。

6.46 熟悉长度单位厘米、米和尺

活动主题:测量游戏

能力要求:视力、听力、动手能力

兴趣水平:小学、中学生、青少年

材料:不同单位的尺子、黑板、粉笔

1. 让2到3个学生在纸上画一条1厘米长的线段(不允许学生使用任何测量工具)。
2. 让学生把他们的名字写在他们所画的线段旁边。
3. 让另外的2到3个学生在黑板上画一条1米长的线段,并把他们的名字写在所画的线段旁边。
4. 再让2到3个学生在黑板上画一条长度为1尺的线段,并把他们的名字写在旁边。
5. 让一个学生用尺子测量长度应该是1厘米的线段。
6. 对所画线段的长度最接近1厘米的学生给予奖励。
7. 用同样的方法确定所画线段的长度最接近1米和1尺的学生,并给予奖励。
8. 每周进行一至两次这样的练习,直到大多数学生都能估计出厘米、米和尺的实际长度。

6.47 说出物体的准确重量

活动主题:称重游戏

能力要求:视力、听力、动手能力

兴趣水平:小学、中学生、青少年

材料:体重秤

1. 准备带有数字标度的体重秤或数字显示秤。
2. 准备书、岩石等物品。
3. 让学生站在秤上,读出秤的示数。
4. 告诉学生,他们必须挑选足够的物品让读数增加到规定的重量。
5. 让学生读出新的重量。
6. 让每个学生都有机会站在秤上和通过增加物品来达到一个指定的重量。
7. 还可以只使用物品来达到指定的重量。

6.48 使用测量结果来计算重量

活动主题:称重游戏
能力要求:视力、听力、动手能力
兴趣水平:小学、中学生、青少年
材料:体重秤

1. 准备带有数字标度的体重秤或数字显示秤。
2. 准备书、岩石等物品。
3. 让学生站在秤上,读出秤的示数。
4. 告诉学生,他们必须挑选足够的物品让读数增加到规定的重量。
5. 让学生读出新的重量。
6. 让每个学生都有机会站在秤上和通过增加物品来达到一个指定的重量。
7. 还可以只使用物品来达到指定的重量。

6.49 选择接近并大于物品售价的数额

活动主题:价额选择
能力要求:视力、动手能力
兴趣水平:中学生、青少年
材料:纸、铅笔

1. 准备作业纸,上面写出说明:"在最佳估计值下面画线。"
2. 列出几个问题,如:"小丽花￥9.90 买了一双鞋,她应该带多少钱?",并给出多个答案供选择,如:￥5.00,￥10.00 和￥20.00。

3. 发给学生作业纸和铅笔。
4. 让他们读一读第一题并在最佳答案下面画线。
5. 如果学生答对了第一题,让他继续完成作业。
6. 如果学生答错了第一题,教给他解题方法并看着他做下一道题。
7. 学生做完作业后,检查他的作业纸。

七、书 写

■ **7.01　用铅笔或蜡笔做标记**

活动主题：做标记
能力要求：视力、动手能力
兴趣水平：学前
材料：纸、胶带、记号笔

1. 安排好舒适的桌椅。
2. 把一大张纸贴在桌面上,并准备无毒的色彩鲜艳的记号笔。
3. 给学生展示如何用很小的力度做标记。
4. 如果学生显得有些不情愿,手把着手帮他做标记。
5. 对做对标记的学生给予糖果或其他奖励。
6. 展示学生所完成的标记。

■ **7.02　用铅笔或蜡笔涂写**

活动主题：涂色
能力要求：视力、动手能力
兴趣水平：学前
材料：砂纸、胶带、蜡笔

1. 把学生放在椅子上,然后让他爬到桌子上。
2. 发给学生蜡笔。
3. 把砂纸粘贴在桌子上。
4. 使用几张优质砂纸。
5. 允许学生在砂纸上涂鸦并感受一下砂纸的纹理。
6. 如果学生不会画画,教师就手把着他的手来画。

7. 展示学生的"创作"。

7.03　画一根竖着的线段

活动主题：画竖线

能力要求：视力、动手能力

兴趣水平：学前、小学

材料：纸、记号笔、粉笔

1. 在学生面前的一大张纸上画一只气球。
2. 演示如何为气球画一根粗线。
3. 让学生用食指反复描一描这根线从哪里开始、到哪里结束。（如图所示）

4. 让学生为另一只气球画一根粗线。
5. 教师还可以把气球改成花儿或者棒棒糖。
6. 如果可以的话，使用粗粉笔或记号笔。
7. 教师还可以先使用真气球，然后过渡到画画。

7.04　画一根横着的线段

活动主题：画横线

能力要求：视力、听力、动手能力

兴趣水平：学前、小学

材料：纸、蜡笔、铅笔

1. 准备一张作业纸，上面画一个人在玩保龄球，用虚线连接保龄球和木瓶（如图所示）。

2. 准备另一张作业纸,上面画一个棒球投手把球投给击球手,用虚线连接棒球和球拍。

4. 发给学生作业纸和蜡笔。
5. 对图片进行讨论,如:画面上的人在做什么、虚线代表什么。
6. 让学生把每张画上的虚线连成实线。
7. 必要时提供帮助。
8. 对于继续连线的学生给予奖励。
9. 如果学生有困难,先采用很大的纸和模板,然后再过渡到常规大小的纸,并且不再使用模板。
10. 如果学生愿意,还可以让他们在图片上涂色作为强化。

7.05 模仿成年人推拉式的笔画

活动主题:推拉笔画练习

能力要求:视力、听力、语言、动手能力

兴趣水平:小学

材料:黑板、粉笔、蜡笔、铅笔、厚纸、新闻用纸

1. 让学生站在黑板前。
2. 在黑板的顶端和底端分别放一个圆点。
3. 用粉笔通过拉或推的动作把这两个圆点连接起来。
4. 一边演示一笔、一划的动作,一边说"推它"或"拉它"。
5. 让学生模仿这个动作。
6. 移动黑板上的圆点来构造直线、斜线、竖直线段和水平线段。

7. 画出长线段和短线段。

8. 使用大的厚纸和蜡笔来重复这个过程。

9. 使用新闻用纸和铅笔来重复这个过程。

10. 让学生使用在练习过程中构造的线段来画画。

11. 教师还可以让学生构造圆点和连线,让助手进行模仿。

7.06 画圆

活动主题:画弧线

能力要求:视力、动手能力

兴趣水平:学前、小学

材料:纸板、剪刀、蜡笔、纸

1. 在纸板上剪出一个圆,留着空的圆形边框。
2. 准备大型的纸、蜡笔和几根短的细绳。
3. 把模板边框放在纸上,让学生选择蜡笔。
4. 让学生在模板边框内部沿着边缘画出圆形,以便制作气球。
5. 移动模板边框并选择另外一支蜡笔来画气球。
6. 继续下去,直到画出5到10个气球。
7. 帮助学生把细绳粘贴在纸气球上。
8. 展示学生所完成的作品。

7.07 在两条平行线之间画线

活动主题:平行线之间画线

能力要求:视力、动手能力

兴趣水平:学前、小学

材料:纸、铅笔、玩具狗

1. 准备作业纸,纸上有一个迷宫,迷宫的一端有一只狗,另一端有它的骨头。
2. 发给学生铅笔和作业纸。
3. 教师用食指示范这只狗找到骨头的必经之路。
4. 告诉学生轮到他们来让这只狗找到骨头了。

5. 必要时提供帮助。
6. 如果学生在第一次通过迷宫时没有走错,对他给予奖励。
7. 通过改变路径和不再示范正确路径来增大难度。
8. 教师还可以使用小的玩具塑料狗。

■ **7.08 画出可辨认表情的脸,脸上画出眼睛、鼻子和嘴巴**

活动主题:画脸部表情
能力要求:视力、听力、语言、动手能力
兴趣水平:学前、小学
材料:图画纸、蜡笔

1. 发给每个学生 4 张约 13 cm×13 cm 的图画纸。
2. 发给每个学生 4 支蜡笔,颜色分别为橙色、红色、蓝色和褐色。
3. 让学生用橙色蜡笔画出一张脸的形状。
4. 让学生用橙色蜡笔在脸的中央画出一个鼻子。
5. 让学生用蓝色和褐色蜡笔画出两只眼睛。
6. 先画一张笑脸,然后让学生用其余的几张 13 cm×13 cm 的图画纸分别画一张难过的脸、一张发怒的脸和一张困倦的脸。
7. 让学生在笑脸上画出嘴角上扬的嘴巴、在难过的脸上画出嘴角向下的嘴巴、在发怒的脸上画出呲着牙齿的嘴巴、在困倦的脸上画出直线形的嘴巴。
8. 学生画完这 4 张不同的脸之后,让学生唱下面的歌并在唱歌时指出或举起带有正确表情的脸。
9. "如果感到幸福你就拍拍手。"
10. "如果感到幸福你就拍拍手。"
11. "如果感到幸福你的表情肯定会显出来。"
12. "如果感到幸福你就拍拍手。"
13. 唱第二段时把"幸福"替换成"难过",把"拍拍手"替换成"擦擦眼"。
14. 唱第三段时把"幸福"替换成"发怒",把"拍拍手"替换成"跺跺脚"。
15. 唱第四段时把"幸福"替换成"困倦",把"拍拍手"替换成"闭上眼"。

7.09 用手指握住铅笔或蜡笔

活动主题:握笔练习
能力要求:视力、动手能力
兴趣水平:学前、小学
材料:纸、蜡笔、铅笔

1. 教师与学生讨论我们可以用手指做哪些事。
2. 做一些手指操锻炼,如:让拇指和食指接触、让拇指和中指接触、让拇指和小指接触。
3. 发给每个学生一支蜡笔。
4. 演示如何用拇指、食指和中指握笔。
5. 演示如何在纸上做标记。
6. 让每个学生练习在纸上做标记。
7. 示范如何握住铅笔。
8. 示范如何在纸上用铅笔做标记。
9. 发给每个学生一支铅笔。
10. 让学生握住笔,如果有必要就帮助他们把拇指和另外的两根手指放在正确的位置上。
11. 让学生在纸上做标记。
12. 解释并示范怎样让铅笔倾斜以便更容易握住它。
13. 继续演练,直到学生能够自己正确地握住铅笔和蜡笔。

7.10 照样子画出水平或竖直的线段

活动主题:画横线或竖线
能力要求:视力、动手能力
兴趣水平:学前、小学
材料:纸、蜡笔

1. 在一张纸上画出4个圆。
2. 准备4张卡片。让每张卡片上有一个圆,在每个圆的基础上分别画有树、冰淇淋蛋卷、太阳和轮子。

3. 发给每个学生 4 个圆和蜡笔。
4. 每次举起一张图片,第一张是树,最后一张是轮子。
5. 告诉学生用 2 条竖直的线段和 1 条水平的线段把第一个圆画成一棵树。
6. 如果学生没有困难就接着画冰淇淋蛋卷。
7. 如果学生有困难,就让他在每一个圆的基础上只画 1 条竖直的线段,从而画出棒棒糖的样子(如图所示)。

7.11 照样子画出斜线

活动主题: 斜线书写练习

能力要求: 视力、听力、语言、动手能力

兴趣水平: 小学

材料: 纸、蜡笔、铅笔

1. 发给学生纸和蜡笔。
2. 让学生"照我这样做"。

3. 分步骤画一张猫脸。
4. 每一步都停顿一下,以确保每个学生都画正确了。
5. 让学生仿照教师的画法画出每一部分。
6. 继续下去,直到画完一张猫脸。
7. 让学生给猫脸涂色。
8. 教师还可以使用斜线与其他形状的组合来画不同的动物或物体。
9. 为了增加创造的乐趣,不要告诉学生这图片或图案表示的结果。

7.12　画竖直方向的十字架

活动主题:竖直书写练习
能力要求:视力、动手能力
兴趣水平:学前、小学
材料:黑板、手电筒、粉笔

1. 在黑板上画一个大型的竖直方向的十字架。
2. 使房间变暗(把灯关掉)。
3. 打开手电筒,把手电筒交给学生。
4. 把住学生的手,教他用手电筒的光柱追踪黑板上的十字架。
5. 反复练习几遍。
6. 让学生自己用手电筒的光柱追踪黑板上的十字架。
7. 重复几遍。
8. 关掉手电筒,打开室内的灯。
9. 让学生用两根手指描摹黑板上的十字架。
10. 重复几遍。
11. 给学生一根粉笔,让他用粉笔描一描黑板上的十字架。
12. 重复几遍。
13. 让学生自己在黑板上的十字架旁边画1个十字架。
14. 重复并奖励。

7.13　描画正方形

活动主题:正方形书写练习

能力要求:视力、动手能力

兴趣水平:学前、小学

材料:胶水、蜡笔

1. 在 20 cm×28 cm 的纸上画出正方形的轮廓。
2. 用胶水沿着轮廓留下线条形痕迹。
3. 把胶水痕迹晾干并重复上述操作,以便让痕迹变粗。
4. 发给学生带有正方形轮廓的纸和蜡笔。
5. 让学生用手指反复描摹正方形的轮廓。
6. 让学生用蜡笔沿着轮廓线的内侧画一个正方形。
7. 慢慢淡化胶水痕迹,并且只用铅笔画出颜色很浅的轮廓让学生照着画。

7.14 画竖直方向的十字架

活动主题:竖直书写练习

能力要求:视力、动手能力

兴趣水平:学前、小学

材料:纸板、乙酸纤维制品、胶带、铅笔、蜡笔、纸、纸巾

1. 在 24 cm×28 cm 的纸上画出大型的"X"。
2. 把一块 24 cm×28 cm 的乙酸纤维布料放在一个同样大小的纸板上。
3. 用胶带沿着上边和左边把布料粘贴在纸板上。
4. 把带有"X"图案的纸放在纸板和布料之间。
5. 发给学生蜡笔和事先准备好的纸板。
6. 让学生分几次描摹"X",每次使用不同的彩色蜡笔,直到"X"变成多色的图案。
7. 用纸巾擦掉蜡笔痕迹,第二天再次重复练习。

7.15 照样子画出三角形和线段

活动主题:三角形和线段书写练习

能力要求:视力、动手能力

兴趣水平:学前、小学

材料:黑板、粉笔、铅笔、纸、蜡笔

1. 让学生围坐在黑板前。
2. 询问他们是否能想到形状像三角形的东西。
3. 告诉学生他们将要学习如何画三角形。
4. 在黑板上为学生示范三角形的画法。
5. 让每个学生用一只手书空,在空中画三角形。
6. 选一个学生在黑板上画三角形,必要时提供帮助。
7. 让学生回到座位上。
8. 分发纸和蜡笔或铅笔。
9. 让学生在纸上练习。
10. 在学生需要时提供帮助。

■ 7.16 照样子画菱形

活动主题:画菱形
能力要求:视力、动手能力
兴趣水平:学前、小学
材料:黑板、粉笔、铅笔、纸、蜡笔

1. 让学生围坐在黑板前。
2. 询问他们是否能想到形状像菱形的东西。
3. 告诉学生他们将要学习如何画菱形。
4. 在黑板上为学生示范菱形的画法。
5. 让每个学生用一只手书空,在空中画菱形。
6. 选一个学生在黑板上画菱形,必要时提供帮助。
7. 让学生回到座位上。
8. 分发纸和蜡笔或铅笔。
9. 让学生在纸上练习。
10. 在学生需要时提供帮助。

■ 7.17 在粗线边框或浅色边框内部涂色

活动主题:画菱形涂色

能力要求：视力、动手能力

兴趣水平：学前、小学

材料：纸、蜡笔、水彩笔、剪刀

1. 在硬纸板中央画出想要的图案,用剪刀剪下图案。
2. 通过用水彩笔描摹图案边缘的轮廓来制作任务卡。
3. 用胶带把模板粘贴在任务卡上。
4. 把模板和任务卡发给学生。
5. 指导学生在粗线边框内侧涂色(有了模板就更容易)。
6. 先是通过让学生描摹图案逐步减少对模板的使用,然后去掉模板和图案中的颜色。

7.18 画出人体的不同器官或部位

活动主题：画人体器官或部位

能力要求：视力、动手能力

兴趣水平：小学

材料：厚纸、蜡笔

1. 把一大张纸挂在布告栏或墙上。
2. 让学生围坐在这张纸的旁边。
3. 唱"我有两只耳朵、两只眼睛、两个拇指,但是有些器官或部位只有一个"。
4. 让学生轮流在这张大纸上画出人体上只有一个的器官或部位。
5. 唱"我有两个、你有两个、我们都有两个"。
6. 让学生轮流画出人体上长有两个的器官或部位。

7.19 照样子制作出文字、字母或数字的形状

活动主题：制作符号形状

能力要求：视力、动手能力

兴趣水平：学前、小学

材料：黏土

1. 准备不同颜色的黏土。

2. 让学生选择他喜欢用的颜色。
3. 让学生观察教师把一块儿黏土滚动成蛇形。
4. 让学生制作像教师那样的蛇形。
5. 先后制作文字、字母和数字。
6. 让学生制作像教师那样的文字、字母和数字。
7. 对于正确制作出文字、字母和数字的学生给予奖励。

7.20 照样子打印或书写文字、字母和数字

活动主题：猜写练习
能力要求：视力、语言、动手能力
兴趣水平：学前、小学
材料：纸、铅笔

1. 坐在适合学生的角度。
2. 在每个学生和教师面前放一张纸。
3. 在教师的纸上写出文字、字母或数字,同时用另一只手挡住教师所书写的内容。
4. 让学生观察教师的手和笔的动作。
5. 让学生猜测教师写了什么。
6. 如果学生猜对了,接下来让他来写,教师来猜。
7. 如果学生猜错了,把刚才的数字或字母再写一遍,并让学生再试一次。
8. 教师还可以首先让3个或4个学生来猜测字母。
9. 给猜对的学生计分。
10. 指出在活动结束时得分最多的学生就是获胜者。

7.21 照样子画出圆形、十字架、正方形、三角形和菱形

活动主题：综合性形状练习
能力要求：视力、听力、动手能力
兴趣水平：学前、小学
材料：纸、蜡笔、胶水、铅笔、纱线

1. 把一大张纸分成5部分。

2. 每一部分写出下列内容。
3. "这是三角形。"
4. "描摹这些三角形。"
5. 准备几个用虚线画成的三角形供学生描摹。
6. "给三角形涂色。"
7. "用胶水把纱线粘在三角形上。"
8. "画出你自己的三角形。"
9. 用圆形、正方形或其他形状来练习。
10. 发给每个学生纸、蜡笔、纱线和胶水。
11. 把第一部分的句子读给学生。
12. 把第二部分的句子读给学生,确保每个学生都跟随指令。
13. 继续下去,直到读完所有部分的句子、学生完成了所有的任务。

7.22 照样子打印或书写文字、数字(字母)

活动主题:书写游戏
能力要求:视力、动手能力
兴趣水平:小学、
材料:纸板、水彩笔、铅笔

1. 制作一个至少约 13 cm×13 cm 的井字游戏板*,以便为初学者留出足够的空间。
2. 让一个学生选择他认为不好打印或书写的文字、数字(字母),并把其放在游戏板中"×"的位置上。
3. 让另一个学生选择她认为不好打印或书写的文字、数字(字母),并把其放在游戏板中"O"的位置上。
4. 让学生使用和井字游戏相同的规则来玩。每人每次在一个方格内只能写一个文字或数字(字母),能让 3 个相同的文字或字母、数字在纵向、横向或对

---

* 注:井字游戏是一种在 3×3 格子上进行的连珠游戏,与五子棋类似,由于棋盘一般不画边框,格线排成井字故得名。游戏需要的工具仅为纸和笔,然后分别代 O 和 × 的两个游戏者轮流在格子里留下标记(一般来说先手者为×)。由最先在任意一条直线上成功连接三个标记的一方获胜。

角线上连成一行的学生就是获胜者。

■ **7.23 照样子画出圆形、十字架、正方形、三角形和菱形**

活动主题：画形状
能力要求：视力、听力、语言、动手能力
兴趣水平：小学
材料：图画纸、胶水、剪刀、笔

1. 用图画纸剪出学生现在所学的一些图形（如：圆形、正方形、三角形）。
2. 示范如何"想一想房间里和你现在所学的图形在形状上一样的物品"。
3. 从学生的回答中得出一些结论，如：钟表或镜片是圆形的。
4. 让学生把图形粘贴在较大的纸上，并用签字笔画出他们所想到的物体。
5. 鼓励学生展开想象。

■ **7.24 不仿照示例画出圆形、十字架、正方形、三角形和菱形等**

活动主题：画形状
能力要求：视力、听力、语言、动手能力
兴趣水平：小学
材料：图画纸、签字笔等

1. 提问学生所知道的一些图形。
2. 从学生的回答中得出一些结论，如：钟表或镜片是圆形的。
3. 让学生根据自己的想象用签字笔画出他们所想到的物体。
4. 鼓励学生展开想象。

■ **7.25 从左到右书写数字或字母**

活动主题：书写练习
能力要求：视力、动手能力
兴趣水平：小学
材料：纸、铅笔、剪刀

1. 在一张纸的左边画一条水平方向的虚线,虚线的右边画上箭头。
2. 让学生在虚线上从左到右写出他们正在学习的字母或数字。
3. 告诉学生继续在虚线上写下去,一直写到有箭头的那一端。
4. 监管学生完成任务。
5. 强化练习,让学习正确完成任务。
6. 逐渐淡化箭头。把箭头画得越来越浅,直到学生能够在无须箭头的情况下从左到右进行书写。

7.26 正确打印或写出字母表中的所有字母以及从 0 到 9 的所有数字

能力要求:视力、动手能力

兴趣水平:小学

材料:剪刀、字母表上的字母、木钉、纸、细绳

1. 在图画纸上画 12 个约 5 cm×5 cm 的正方形,以便制作"移动字母"。
2. 让学生剪出这些正方形。
3. 让学生在正方形的两边分别写上大写和小写字母。
4. 把写有字母的正方形固定在细绳上,确保有 4 个正方形上的细绳比其他的更长。
5. 把木钉分成两半。
6. 把切口用胶带包起来,避免让带尖的边缘露在外面。
7. 在每个挂钩上挂上 1 条长的细绳和 2 条短的细绳,让正方形悬挂在细绳上。
8. 让挂钩、木钉或木棒彼此交叉,并把交叉处用胶带固定住。
9. 用绳子把交叉处系好,悬挂在天花板上。(如图所示)

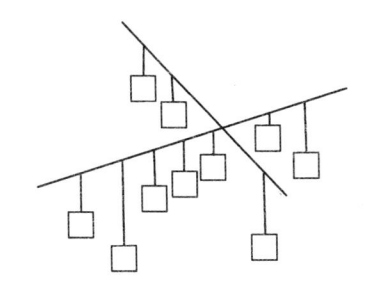

■ 7.27 照样子打印或写出自己的姓氏

活动主题：书写姓氏
能力要求：视力、动手能力
兴趣水平：小学
材料：纸、铅笔
材料：纸板、胶水、纸、蜡笔

1. 准备约 22 cm×28 cm 的纸板，在上面用浅颜色打印出学生的名字。
2. 用胶水沿着浅色的笔划描摹这些名字，从而留下珠状的痕迹。（如图所示）

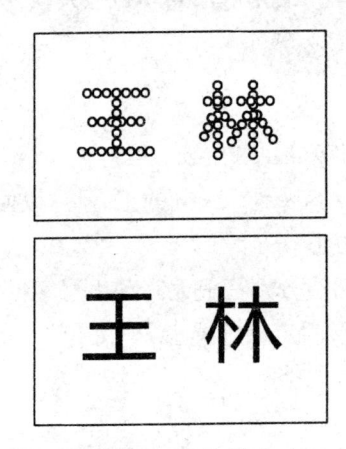

3. 告诉学生用他们的手指描摹这些珠状的名字。
4. 发给学生一支蜡笔和一张纸。
5. 让他们在纸上通过仿照用手指描摹过的珠状名字来抄写自己的名字。
6. 帮助学生正确打印或描摹他们自己的名字。

■ 7.28 打印或写出自己的名字

活动主题：书写姓名
能力要求：视力、动手能力
兴趣水平：小学
材料：纸、铅笔

1. 准备带有学生名字的作业纸，把名字中的第一个笔画用虚线代替。

七、书 写

2. 把作业纸放在学生面前。
3. 把虚线写实并让学生辨认名字。
4. 发给学生蜡笔或记号笔,以便描摹名字中的所有笔画。
5. 给学生看另一张纸,上面有学生的名字,但名字中缺少了第一个笔画。
6. 让学生通过补写来写出完整的名字。
7. 及时提供指导和纠正错误。
8. 随着学生能力的提高,在名字中空出 2 到 3 个笔画或者更多笔画的位置。
9. 根据学生的能力改变所缺笔画的顺序位置,如:"王"或"王"。
10. 要求学生从左到右描摹名字中的所有笔画。
11. 每天进行书写练习并给予奖励。

7.29 照样子打印或写出简单的字词

活动主题:书写字词
能力要求:视力、动手能力
兴趣水平:小学
材料:干净的塑料套管或封面、纸、铅笔、水彩笔

1. 用草书或手写体制作笔画表中每个笔画的单独的示范页。
2. 第一行是某一个笔画,第二行是以这个笔画开头的字,第三行是多次用到这个字的句子。
3. 把每一页放进一个塑料套管中。
4. 指导学生在他们自己的那页纸上抄写笔画、字词和句子。
5. 把它作为独立的活动或全班的活动。

7.31 打印或写出简单的字词

活动主题:书写字词
能力要求:视力、动手能力
兴趣水平:小学
材料:胶水、纱线、发光小饰物、沙子、索引卡、纸、铅笔

1. 准备几张约 7 cm×13 cm 的卡片,在每张卡片上写出不同的字(词)。

— 139 —

2. 发给学生卡片、胶水和沙子或发光的彩色小饰物。
3. 告诉学生用胶水描摹字(词)中的每个字的笔画、在上面撒上沙子或发光小饰物,并把它晾干。
4. 胶水痕迹晾干后,发给学生卡片并让他们用手指描摹每个笔画。
5. 把卡片收上来并发给学生纸和铅笔。
6. 让学生在不看卡片的情况下听写这些字(词)。
7. 再次把卡片发给学生,让他们看一看是否书写对了字(词)中的每一个笔画。
8. 如果学生出现拼写错误,重复上述步骤。
9. 你还可以改用纱线或黏土。

7.32 照样子打印或写出自己的姓

活动主题:书写姓名
能力要求:视力、动手能力
兴趣水平:小学
材料:纸板、胶水、纸、蜡笔

1. 准备约 22 cm×28 cm 的纸板,用来在上面写上或打印 5 个学生的姓,每个姓重复几次。
2. 从不同的角度和用不同的笔迹写上的姓。(如图所示)

3. 告诉学生用手指圈出自己的姓。
4. 问学生一共发现了几次自己的姓。
5. 指导学生在自己圈出的姓下面临摹抄写。

6. 奖励正确圈出和临摹抄写的学生。

7.33 照样子打印或写出简单的句子

活动主题:书写简单句子
能力要求:视力、动手能力
兴趣水平:小学
材料:纸、铅笔、蜡笔

1. 把句子打印在横格纸上供学生抄写。
2. 发给学生另外一张纸,纸上有用蜡笔着色的区域供学生在里面写字。
3. 提醒学生书写在横格之间。
4. 告诉学生把句子抄写在他的纸上,并把所写的字限定在着色区域内。
5. 如果学生出现错误,交给他正确的书写方式并让他再试一遍。
6. 如果学生在字词排布上有困难,在纸上画出格子,并让他在每个格子里写一个字。
7. 如果学生有困难,帮助他打印字词并让他再试一遍。

7.34 打印或写出自己的姓名

活动主题:书写自己姓名
能力要求:视力、动手能力
兴趣水平:小学
材料:黑板、粉笔

1. 在黑板上可以用眼睛平视的高度写出每个学生的姓和名。
2. 让学生在黑板上他自己的名字下方抄写名字中的每个笔画,所抄写的笔画与原笔画的位置要一一对应。
3. 擦掉教师在黑板上所写的名字中的某一个笔画。
4. 让学生擦掉他自己所写的名字,重新抄写名字并把缺失的笔画补上。
5. 每次都多擦掉一个笔画,直到作为示范的整个名字都被擦掉。

■ 7.35 打印或写出简单的句子

活动主题：书写简单句子
能力要求：视力、动手能力
兴趣水平：小学
材料：纸、笔

1. 为学生提供适当的书写纸。
2. 告诉学生他们将要写一个句子。
3. 开始用缓慢的速度听写学生所学过的字（词）。
4. 说出第一个字（词）。
5. 让学生把它写下来。
6. 必要时提供帮助。
7. 把听写的第一个字（词）写在黑板上供学生比对。
8. 继续说出字（词）、提供帮助和在黑板上书写字（词）。
9. 逐渐停止在黑板上书写字（词）。
10. 逐步增加句子长度和听写速度。
11. 对学生的成功进行强化并对学生的努力给予鼓励。

■ 7.36 打印或写出父母的姓名

活动主题：书写姓名
能力要求：视力、动手能力
兴趣水平：小学
材料：索引卡、纸、铅笔、信封

1. 给学生看一张卡片，上面写有他自己的姓名。然后再给学生看另一张卡片，上面写有他母亲的姓名。
2. 比较这两张卡片。
3. 帮助学生确认他母亲名字的起始笔画和其他笔画。
4. 让学生集中精力看着母亲的名字达10秒钟。
5. 把他母亲的名字遮住。
6. 让学生在一张卡片上写出他母亲的名字。

7. 让学生把他的卡片同最初的卡片做比较,并进行必要的改正。
8. 让学生写信给家长并把成功的作业带回家,从而为学生提供一个展示技能的机会。

7.37 打印或写出地址中的数字和街道

活动主题:书写地址中的数字和街道
能力要求:视力、动手能力
兴趣水平:小学、中学生、青少年、成年人
材料:纸、笔、信封

1. 为每个学生准备一个信封。
2. 在每个信封中放入一个带有积极评价的私人便条。
3. 把信封封好。
4. 把信封分发给每个学生。
5. 告诉学生他们有一封特别的信,但是他们必须自己把地址写上。
6. 如果有必要的话,在信封上画上横线。
7. 让学生在信封上写上他们的名字和地址。
8. 帮助学生成功完成任务。
9. 把信封收上来并盖上邮戳。
10. 把信封还给学生并让他们打开信封、阅读里面的信息。
11. 通过让学生在其他物件上写地址进行拓展练习。

7.38 打印或写出简单的句段

活动主题:书写简单的句段
能力要求:视力、动手能力
兴趣水平:小学、中学生、青少年、成年人
材料:彩色纸、笔、展板等

1. 发给学生4张彩色纸,纸上带有不同形状的图案。
2. 确保有大、中、小的不同图案。
3. 让每个学生剪出这些不同形状的图案并组合成一张图片。

4. 把图片粘贴在约 30 cm×45 cm 的纸上。

5. 为学生提供纱线或其他材料当作头发。

6. 让学生写一小段文字来描述他们的图片并把这些文字钉在展板布上展示。

■ 7.39 抄写在同一页纸左边的笔画或字词

活动主题:抄写笔画或词语
能力要求:视力、动手能力
兴趣水平:小学、中学生、青少年、成年人
材料:纸、笔等

1. 为学生提供作业纸,纸上已有的笔画和字词都在左边。

2. 让学生把作业纸对折。

3. 让学生在作业纸右边的空白处抄写笔画或字词。

4. 通过让学生在半张纸上写出自己的笔画或字词来进行拓展练习。

5. 让学生在抄写笔画或字词之前先交换一下作业纸。

■ 7.40 抄写在同一页纸上边的字词

活动主题:抄写笔画或词语
能力要求:视力、动手能力
兴趣水平:小学、中学生、青少年、成年人
材料:纸、笔等

1. 在学生的书写纸上方准备并抄写一些积极意义的字词。

2. 把书写纸发给学生。

3. 告诉学生抄写这些字词,一直写到作业纸的底端。

4. 让学生阅读并展示作业纸上的带有积极意义的字词。

5. 教师还可以在作业纸的上端写一些积极的短语。

■ 7.41 抄写左边一页或上面一页上的笔画或字词

活动主题:抄写笔画或词语

能力要求：视力、动手能力

兴趣水平：小学、中学生、青少年

材料：纸、铅笔、文件夹

1. 用句子条的形式收集所有学生的姓名、地址和电话号码。每个学生一条。
2. 发给每个学生带有横格纸的文件夹。
3. 指导学生把文件夹按字母顺序分区,如每个字母占3页。
4. 发给每个学生一个写有句子的纸条。
5. 指导学生把句子条上的姓名、地址和电话号码抄写在文件夹上适当的分区内。
6. 让学生在完成任务后把文件夹传给邻桌的同学。
7. 继续进行下去,直到所有的名字都被转换为班级电话簿。
8. 可以让学生装饰一下封面。

7.42　打印或书写私人信件及详细地址

活动主题：书写信件和地址

能力要求：视力、动手能力

兴趣水平：小学、中学生、青少年

材料：信笺、笔、信封

1. 邀请一个提供咨询的人到教室和学生讨论某个具体的话题。
2. 让学生给客人写一封私人感谢信。
3. 把客人的地址写在黑板上以便让学生抄写在信封上。
4. 把每个学生的感谢信装进信封内。

7.43　在信上写出适当的称呼语和结束语

活动主题：书写信件

能力要求：视力、动手能力

兴趣水平：小学、中学生、青少年

材料：纸、笔等

1. 准备很多份私人信件、商业信件和咨询信件,省去称呼语和结束语。

2. 把这三种信件分发给学生。
3. 要求学生选择私人信件。
4. 让学生说出适当的称呼语和结束语。
5. 把每个学生的建议写在黑板上。
6. 要求学生在黑板上选出适当的结束语,并把所选的结束语写在私人信件上。
7. 用同样的方法对商业信件和咨询信件进行练习。
8. 逐渐取消来自学生的建议并鼓励他们独立做出反应。

■ 7.44 写出工整的字迹,要求字词间距一致

活动主题:书写练习
能力要求:视力、动手能力
兴趣水平:小学、中学生、青少年
材料:纸、笔等

1. 为学生提供书写纸,纸上每隔一行有一行手写体字。
2. 为需要帮助的学生准备握笔器。
3. 为所有的学生分发书写纸,为需要握笔器的学生分发握笔器。
4. 在黑板上写一些简单的句子。
5. 让学生仿照书写纸上的手写体写出这些句子。
6. 鼓励学生把手指放在字词之间来正确布置词间距。
7. 逐步停止使用书写纸、握笔器和指间距。

■ 7.45 写上自己的签名

活动主题:签名练习
能力要求:视力、动手能力
兴趣水平:小学、中学生、青少年
材料:纸、笔等

1. 准备一些积极开心的便条,以便让学生把它们送人。
2. 在开心便条上留出地方供学生签名。
3. 把开心便条分发下去。

4. 解释说:学生们必须读一读便条并确定把它们送给谁。
5. 告诉学生在把开心便条送出去之前,他们必须写上自己的签名。
6. 必要时提供示范和帮助。

■ 7.46 进行书面交流

活动主题:书写信件

能力要求:视力、动手能力

兴趣水平:中学生、青少年、成年人

材料:杂志、报纸、纸、铅笔、信封

1. 指导学生给免费提供资料的杂志或报纸写封商业信。
2. 为学生示范商业信件和商业信封的正确格式。
3. 对于格式正确的商业信件和商业信封给予学分奖励。
4. 让学生把这些信寄出去。
5. 让学生把来自公司的回复拿到班上分享。

八、拼　音

■ **8.01** 说出拼音字母 a, o, e, i, u, ü 的发音

活动主题：拼音游戏
能力要求：视力、听力、动手能力
兴趣水平：小学
材料：图画纸、剪刀和糨糊

1. 在彩色图画纸上写出大小不同的单韵母。
2. 发给学生约 46 cm×60 cm 的图画纸、剪刀和糨糊。
3. 让学生剪出这些字母并随意贴在他们的图画纸上。
4. 告诉学生选择合作伙伴并把拼贴画读给彼此听。
5. 把拼贴画装饰一下。

■ **8.02** 说出单韵母 a, o, e, i, u, ü 的发音

活动主题：发音游戏
能力要求：听力、视力、动手能力
兴趣水平：小学
材料：卡片、谜语

1. 听声音，找卡片。教师读出单韵母（如：o）。
2. 学生举起自己手里相应的卡片，并说：我有，我有，我有有有。ooo。
3. 猜猜猜游戏。教师提出要求，看教师口形，猜猜发的是什么音？（如：a）
4. 老师可以请一位学生来猜，也可以请全班学生举起自己手里相对应的卡片，并说：我猜，我猜，我猜猜猜。aaa。

八、拼 音

8.03 单韵母 a, o, e, i, u, ü 的四声练习

活动主题：发音游戏
能力要求：听力、视力、动手能力
兴趣水平：小学
材料：卡片、谜语

1. 听声音，找卡片。教师读出单韵母四声，同时做出手势（如：ā á ǎ à）。
2. 学生举起自己手里相应的卡片，跟着做手势，ā á ǎ à。
3. 猜猜猜游戏。教师提出要求，看教师口形，手势，猜猜发的是什么音，第几声？（如：ā）
4. 老师可以请一位学生来猜，也可以请全班学生举起自己手里相对应的卡片，并说：我猜，我猜，我猜猜猜。ā ā ā。

8.04 说出书面字母 a, o, e, i, u, ü 的发音

活动主题：拼音游戏
能力要求：视力、听力、动手能力
兴趣水平：小学
材料：图画纸、剪刀和糨糊

1. 制作一套卡片，每张卡片上写一个字母拼音。
2. 练习这些字母拼音，把卡片打乱顺序并让学生说出卡片上字母的发音。
3. 继续练习，直到学生对这些发音相当熟悉；着重最难的发音。
4. 继续巩固强化单韵母的发音，制作一张作业纸，纸上有 6 个任意顺序的拼音字母。
5. 用塑料板把作业纸盖住。
6. 解释作业的规则。
7. 发给每个学生一支记号笔，让他们把记号笔放在第一个拼音字母的下面，说出它的读音，接着再说出第二个字母的读音。然后继续说出其他组字母的读音。
8. 纠正学生的读音。
9. 对成功读出所有字母拼音的学生给予奖励。

■ 8.05　说出拼音声母 b,p,m,f 的发音

活动主题：发音游戏
能力要求：视力、动手能力
兴趣水平：小学
材料：纸板、喇叭、袋子

1. 在厚纸板上画一头大象。
2. 把一只小纸袋固定在象鼻后面。
3. 把"大象"立在柜台或桌子上，后边放一个小的玩具喇叭。
4. 制作花生形状的卡片，在卡片上写出 b,p,m,f。
5. 告诉学生如果他们说出声母的正确发音，大象就会"吹喇叭"。
6. 让学生通过把花生放进袋子来喂大象吃花生的游戏完成任务。
7. 教师还可以把游戏改为喂兔子吃胡萝卜或喂小鸡吃玉米。

■ 8.06　说出拼音声母 d,t,n,l 的发音

活动主题：发音游戏
能力要求：视力、动手能力
兴趣水平：小学
材料：纸板、喇叭、袋子

1. 在厚纸板上画一只兔子。
2. 把一只小纸袋固定在兔子面前。
3. 把"兔子"立在柜台或桌子上，后边放一个小的玩具喇叭。
4. 制作胡萝卜形状的卡片，在卡片上写出声母 d,t,n,l。
5. 告诉学生如果他们说出声母的正确发音，兔子就会"吹喇叭"。
6. 让学生通过把胡萝卜放进袋子来喂兔子吃胡萝卜的游戏完成任务。
7. 教师还可以把游戏改为用喂大象吃花生或喂小鸡吃玉米。

■ 8.07　用学过的声母韵母进行音节练习

活动主题：拼音游戏

能力要求:视力、语言、动手能力

兴趣水平:小学

材料:转盘、水彩笔

1. 做一大一小两个圆盘(如图所示)。
2. 大圆盘分成八份,依次写上声母 b,p,m,f,d,t,n,l。
3. 小圆盘分成六份,依次写上单韵母 a,o,e,i,u,ü。
4. 把两个圆盘叠在一起,固定,按上一个小箭头。
5. 老师读出音节,如:ba。
6. 学生转动圆盘找到老师发出的音节。

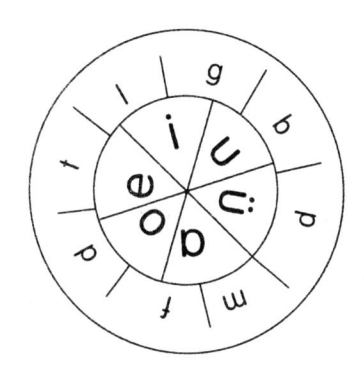

7. 参考圆盘下面(也可以分成更多份,在学习完整的声母韵母后做练习用)。

8.08 说出声母 g,k,h,j,q,x 的发音

活动主题:发音游戏

能力要求:视力、语言

兴趣水平:小学

材料:作业纸、水彩笔

1. 制作一张画有毛毛虫的作业纸,并且为每个学生复印一份(如图所示)。
2. 在毛毛虫的各部分上写出将要学到的声母。
3. 除了一到两个声母之外,把其余的声母全部盖住。
4. 让学生说出声母的发音。
5. 逐步增加露在外面的声母数量。
6. 当学生掌握了所有的声母时,让他们与父母分享毛毛虫上声母的发音。

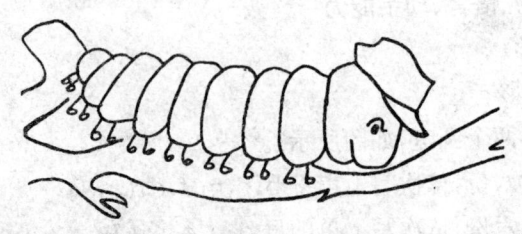

7. 新学了其他的声母发音之后,就把每一个新学的声母加到学生的毛毛虫上。

8.09 利用声母卡片说"声母扭摆舞"

活动主题:发音游戏

能力要求:走动、视力、听力

兴趣水平:小学

材料:小地毯或地板、不透明胶带

1. 在小地毯或地板上用不透明胶带制作约 130 cm×200 cm 大的带有 12 个格子的网格,以便在上面玩"声母扭摆舞"。
2. 在 12 个格子的角上分别放一个印有大型声母字母的卡片。
3. 复习左右手和左右脚。
4. 给出口头指令。如:把你的左手放在声母 f 上。
5. 继续进行下去,直到有人喊累或说吃不消了为止。
6. 还可以往正确的格子里投掷小木片或棋子,或者单脚跳到正确的格子里然后再退出来。

8.10 用学过的声母韵母进行音节练习

活动主题:拼音游戏

能力要求:视力、语言、动手能力

兴趣水平:小学

材料:转盘、水彩笔

1. 做一大一小两个圆盘(如图所示)。

八、拼 音

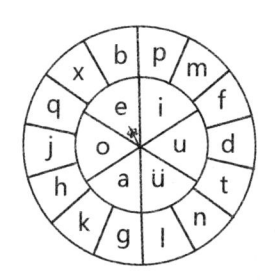

2. 大圆盘依次写上声母 b,p,m,f,d,t,n,l,g,k,h,j,q,x。

3. 小圆盘依次写上单韵母 a,o,e,i,u,ü。

4. 把两个圆盘叠在一起,固定,按上一个小箭头。

5. 老师读出音节,如:ba。

6. 学生转动圆盘找到老师发出的音节。

7. 参考圆盘下面(也可以分成更多份,在学习完整的声母韵母后做练习用)。

■ **8.11** 说出字(词)中的拼音哪一个字母发指定的音(如:百 bǎi 中的"b")

活动主题:发音游戏

能力要求:听力

兴趣水平:小学

材料:作业纸、铅笔

1. 准备作业纸,纸上写着很多带有声母"b"的字(词)和拼音。

2. 在黑板上列出爸 bà、百 bǎi、蹦 bèng 和其他简单的字(词)。

3. 大声读出所有的字(词)。

4. 询问学生还有那些字可以发声母 b 的音。

5. 按照这样的规则还可以采取成语接龙等游戏形成进行巩固。

■ **8.12** 平舌音,翘舌音,整体认读音节练习

活动主题:发音游戏

能力要求:视力、听力

兴趣水平:小学

材料:准备每个学生一套拼音卡片(z,c,s,r,zi,ci,si,ri ;zh,ch,sh,zhi,chi,

shi)
1. 我们一起来比一比,看谁的眼睛尖。
2. 老师或小老师出示拼音卡片,如 zi,zhi,其他同学边举起卡片边迅速读出来"找到了,找到了 zizizi"。看谁找得对、准,读得快、准。
3. 我们一起来比一比,看谁的耳朵最灵,是顺风耳,请听仔细。
4. 老师或小老师报音,其他同学找出相应的平舌音或翘舌音卡片,边举起卡片边迅速读出来"找到了,找到了 zhzhzh"。看谁找得对、准,读得快、准。

■ 8.13 说出组合拼音字母的读音,如:zh, ch, sh, ang, eng, ing, ong

活动主题:拼音游戏
能力要求:视力、语言、动手能力
兴趣水平:小学
材料:可以分成9个方格的大型口袋图表,标签纸、卡片、笔

1. 制作或准备可以分成9个方格的大型口袋图表,每个方格如普通衣服口袋大小。
2. 制作一套拼音字母组合的教学卡片,在卡片的反面画一个"红旗"。
3. 复制一套拼音字母组合的教学卡片,在卡片的反面画一个"绿旗"。
4. 把这两套卡片分别放在两堆里,正面朝下。
5. 把学生分成"红旗"队和"绿旗"队来玩"读音井字游戏"。
6. 把一张"红旗"卡片发给"红旗"队的第一个学生。
7. 让这个学生说出卡片上字母组合的读音。如果他的读音正确,让他把卡片放在口袋图表上。
8. 把一张"绿旗"卡片发给"绿旗"队的第一个学生,并重复上述程序。
9. 让"红旗"队和"绿旗"队交替玩游戏,直到其中的一队有3个卡片在口袋图表上排成一行。
10. 指出把3个卡片排成一行的一队就是获胜者。

■ 8.14 指出一个字(词)中的哪些字母发指定的读音(如:指出查 chá 中的"ch")

活动主题:拼音游戏

能力要求:走动、视力、听力

兴趣水平:中级学生

材料:纸板、笔、8 cm×12 cm 卡片

1. 在游戏区用粉笔画出一个大的正方形。
2. 把正方形划分成 9 部分。
3. 在每一部分内写出一个带有字母组合的字词。
4. 在每张 8 cm×12 cm 的卡片上写一个字母组合。
5. 选一个学生来读这些字母组合并把事先准备好的 8 cm×12 cm 卡片交给他。
6. 告诉其余的学生在正方形旁边排队。
7. 告诉读卡片的学生看着卡片并大声说出字母组合的发音。
8. 告诉队列里的第一个学生单脚跳到带有这个字母组合的小正方形内,并让他指出哪些字母发这个音。
9. 如果学生出了错,把正确的字母组合告诉他。
10. 让每个学生都有机会玩这个游戏。

■ **8.15** 说出一个字(词)中的哪些字母发指定的读音(如:指出沙 shā 中的"sh")

活动主题:拼音游戏

能力要求:走动、听力

兴趣水平:小学

材料:上面写有字母的正方形大纸板、音乐

1. 准备一些约 30 cm×30 cm 的正方形纸板并在上面写出字母组合。
2. 把写有字母组合的正方形纸板安排在一个大圆内。
3. 指导学生在音乐中绕着大圆走动。
4. 停止音乐并告诉学生站在离他们最近的字母组合旁边。
5. 让学生说出他们旁边的字母组合中的字母名字和读音。
6. 每次去掉一个字母组合,并提醒学生:在音乐停止的时候谁的旁边没有字母,谁就出局。
7. 指出在游戏结束时剩下的那个学生就是获胜者。

8.16　指出音节中的哪个声母发某个指定的音

活动主题：发音游戏
能力要求：视力、听力、语言、动手能力
兴趣水平：小学
材料：作业纸、蜡笔、纸板、不透明胶带

1. 在作业纸上写出每个学生名字的拼音并大致画出声母的轮廓。
2. 把写有声母的作业纸粘贴在纸板上，放到学生前面。
3. 为学生分发蜡笔和适当的作业纸。
4. 让学生找自己名字的拼音并给他们名字中的声母涂色，同时重复这个声母的名字和发音。
5. 测验一下每个学生是否掌握了名字中的声母及其发音。
6. 让每个学生在纸板上找到属于自己名字的声母并说出它的发音。

8.17　根据所听到的发音写出相应的拼音

活动主题：发音游戏
能力要求：视力、听力、语言、动手能力
兴趣水平：小学
材料：纸

1. 发给每个学生作业纸或在黑板上为他们留出地方。
2. 让学生根据所听到的发音写出相应的拼音。例如：告诉学生写出 měi(美)、màn(慢)和 mín(民)的声母。
3. 让学生迅速写出拼音，把它盖住，并举起手来。
4. 让第一个写完的学生说出他的答案。
5. 给那个学生和其他所有写出正确字母的学生计分。
6. 如果学生回答错误，把那个字母进行重复。
7. 擦掉并继续下去。
8. 在游戏结束时得分最多的学生就是获胜者。

八、拼 音

■ **8.18** 说出拼音字母 y, w 的发音

活动主题：发音游戏

能力要求：视力、语言、动手能力

兴趣水平：小学

材料：图画纸、胶水、剪刀、杂志或报纸

1. 发给每个学生分别写有 y, w 声母的一张彩色图画纸。
2. 在每张纸上分别用一个拼音字母做标记。
3. 让学生根据标记的字母，从杂志或报纸上剪下相应的汉语拼音和对应的文字，然后把它们粘在相应的图画纸上。
4. 让学生说出每个字母的发音。
5. 接下来让学生制作徽章，上面写上字母来表示声母及其所对应的汉字。
6. 让学生一整天都戴着这个徽章。
7. 请学生同伴和工作人员择机询问学生这个字母发什么音。

■ **8.19** 根据所听到的韵母发音写出这个韵母（复韵母 ai, ei, ui 的练习）

活动主题：发音游戏

能力要求：视力、动手能力

兴趣水平：小学

材料：盐

1. 把浅的盒子里装满盐。
2. 为正在学习的复韵母制作抽认卡片。
3. 提醒学生不要把手和盐放在嘴边。
4. 告诉学生教师将要说出某个复韵母的发音。
5. 让学生在盐上写出复韵母。
6. 用抽认卡帮助学生核对和改正。
7. 继续下去，直到所有的字母都听写完毕。
8. 教师还可以在盒子里改用沙子，或者使用食用色素把盐染上不同的颜色。
9. 结束的时候对那些掌握了复韵母并记得不把手放在嘴边的学生给予奖励。（游戏中也可以复习学过的韵母。）

8.20 根据所听到的字母发音写出这个字母（复韵母 ai,ei,ui 与声母拼写练习）

活动主题：发音游戏
能力要求：视力、动手能力
兴趣水平：小学
材料：金牌卡片

1. 教师做几个金牌，金牌上贴有生字"白""菜"（还可以是"买""卖"等韵母 ai 的字，"黑""非"等韵母 ei 的字，"会""对"等韵母 ui 的字）
2. 用金牌的形式挂在大家胸口，先读一读。
3. 大家一起拍手说："找呀找，找呀找，找到一个好朋友。"
4. 挂金牌的同学看一看、读一读生字，与挂有相同韵母文字的小朋友手拉手，成为好朋友。
5. 找对了，大家说："对对对，你们是一对好朋友。"
6. 找错了，大家说："错错错，赶快再去找一找。"

8.21 说出韵母 ai, ei, ui 的读音

活动主题：拼音游戏
能力要求：视力、听力、动手能力
兴趣水平：小学
材料：作业纸、粉笔、黑板

1. 在黑板上写一些发 ai 的字或词并注出拼音。
2. 让学生读每个字或词的拼音，在 ai 的下面画线并强调 ai 的发音。
3. 让学生读字或词。
4. 询问学生 ai 的发音是怎样的。
5. 用同样的方法教给学生读包含 ei 和 ui 的字或词。
6. 准备作业纸，上面写有包含 ai, ei 和 ui 的字或词，但这些字母拼音被横线代替，以便让学生填写。
7. 听写字或词的拼音，让学生填入正确的发音字母。
8. 经常复习这些读音。
9. 教师还可以用同样的方法练习 an, en, in, un, ün; 或 ang, eng, ing, ong 等。

八、拼 音

■ **8.22 根据听到的读音写出相应的韵母**（复韵母 ao,ou,iu 练习）

活动主题:拼音游戏
能力要求:视力、听力、动手能力
兴趣水平:小学
材料:纸、铅笔、粉笔、黑板

1. 让学生坐在桌子旁边,桌上放一张纸。
2. 把古诗《春晓》写在黑板上。
3. 在教师念句末声母或韵母的读音时,让学生仔细听。
4. 教师说"开始"时,让学生写出拼音字母并把纸的正面朝着你举起来。
5. 说出字母的读音。
6. 把写有正确字母的纸举起来,以便让写错的学生看到。
7. 也可以用写学生名字或其他词语的方式,让学生练习 ao,ou,iu。

■ **8.23 根据所听到的字母发音写出这个字母**（复韵母 ao,ou,iu 与声母拼写练习）

活动主题:发音游戏
能力要求:视力、动手能力
兴趣水平:小学
材料:金牌卡片

1. 教师做几个金牌,金牌上贴有生字"草""帽"等韵母 ao 的字或"头""手"等韵母 ou 的字或"六""牛"等韵母 iu 的字。
2. 用金牌的形式挂在大家胸口,先读一读。
3. 大家一起拍手说:"找呀找,找呀找,找到一个好朋友。"
4. 挂金牌的同学看一看读一读生字,与挂有相同韵母文字的小朋友手拉手,成为好朋友。
5. 找对了,大家说:"对对对,你们是一对好朋友。"
6. 找错了,大家说:"错错错,赶快再去找一找。"

■ **8.24 读出复韵母,并找到含有该韵母的字词卡片**（复习复韵母 ao,ou,iu,ai,ei,ui）

活动主题:拼音游戏

能力要求：视力、听力、动手能力

兴趣水平：小学

材料：作业纸、骰子、卡片

1. 准备一个边长为 10 cm 的骰子。
2. 在骰子各个面上用字母做标记。
3. 准备一副字（词）卡片，让这些卡片上的字含有骰子上的韵母。
4. 让学生掷骰子，说出骰子上韵母的读音并找到包含这个读音的一个字词卡片。
5. 如果学生找对了卡片，让他留着这张卡片；如果学生找错了卡片，让他把这张卡片放到这副卡片的最下面。
6. 继续下去，让其他学生都有机会参与。
7. 指出在游戏结束时得到最多卡片的学生就是获胜者。

■ 8.25 指出一个音节中的哪些字母发指定的读音（练习韵母 ie，üe，er 如：指出"节 jié"中的"ie"，"雪 xuě"中的"üe"，"耳 ěr"中的"er"）

活动主题：拼音游戏

能力要求：视力、语言、动手能力

兴趣水平：小学

材料：粉笔、卡片

1. 用粉笔在水泥地上画一个大正方形或者用胶带在地板上圈出一个大正方形。
2. 把大正方形分成 9 部分。
3. 在每一部分内写含有韵母 ie，üe，er 的拼音。
4. 在每张约 8 cm×12 cm 的卡片上写一个韵母 ie，üe，er 以及与它相拼的声母。
5. 选一个学生，把事先准备好的 8 cm×12 cm 卡片交给他。准备读出卡片上的拼音。
6. 其余的学生在正方形旁边排队。
7. 告诉读卡片的学生看着卡片并大声读出拼音。
8. 告诉队列里的第一个学生单脚跳到带有这个拼音的小正方形内，并让他指出声母韵母的发音。
9. 如果学生出了错,把正确的拼音告诉他。
10. 让每个学生都有机会玩这个游戏。

■ **8.26** 指出听到读音的字(词)中哪个韵母发指定的音(如:指出"玩 wán"中的"an")

活动主题:拼音游戏
能力要求:视力、听力、动手能力
兴趣水平:小学
材料:作业纸

1. 准备作业纸,纸上要有 5 个不同的花儿图案(如图示)。让学生剪出这些图案并在每朵花儿上写出一个复韵母(an,en,in,un,ün)。

2. 指导学生把拼音花园在他们面前铺展开。
3. 老师读出韵母(an,en,in,un,ün),学生找出对应的花;或老师出示花,学生读出韵母。
4. 大声说出包含一个韵母的字词(如:玩 wán)。
5. 让学生挑出指定韵母发音的那花儿,并把它举起来。
6. 纠正错误的反应并继续这个游戏。

■ 8.27 指出听到读音的字(词)中哪个韵母发指定的音(如:指出"玩 wán"中的"an")

活动主题:拼音游戏

能力要求:视力、听力、动手能力

兴趣水平:小学、中级学生

材料:作业纸

1. 准备作业纸,纸上要有4个不同的水果图案(如图示)。让学生剪出这些图案并在每个水果上写出一个复韵母(ang,eng,ing,ong)。

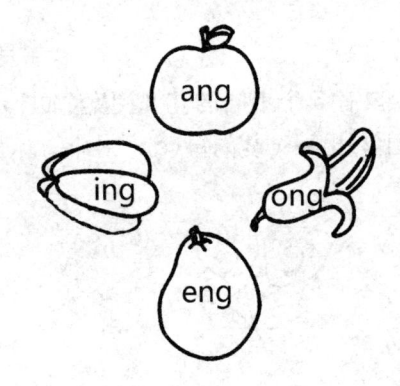

2. 指导学生把拼音水果在他们面前铺展开。
3. 老师读出韵母(ang,eng,ing,ong),学生找出对应的水果;或老师出示水果,学生读出韵母。
4. 大声说出包含一个韵母的字词(如:羊 yáng)。
5. 让学生挑出指定韵母发音的那个水果,并把它举起来。
6. 纠正错误的反应并继续这个游戏。

■ 8.28 韵母表复习(放鞭炮游戏)

活动主题:拼音游戏

能力要求:视力、听力、动手能力

兴趣水平:小学

材料:韵母表、韵母卡片、大鞭炮

1. 老师把认读的韵母卡片放入一个红色的爆竹筒内,告诉学生:读对了鞭炮里的韵母,鞭炮就点燃了。谁想来试一试?
2. 学生齐读:节日到,放鞭炮。什么炮?
3. 一位学生上来抽出卡片,举起卡片读,读完后去点爆竹。如果读对了,下面的学生跟他一起读,并模拟爆竹的声音:"嘭——啪——"如果读错了,就模拟哑炮的声音:"嗤——"
4. 为了节省游戏的时间,老师可以请一组学生一起上来,进行组内学生的竞赛,比一比哪位同学点燃的爆竹最多,也可以进行小组之间的比赛,比一比哪一组点燃的爆竹最多。

■ 8.29 整体认读音节与读音练习(yi,wu,yu;ye,yue,yuan;yin,yun,ying)

活动主题:拼音游戏

能力要求:走动、视力、听力

兴趣水平:小学生、中级学生

材料:纸板、笔、8 cm×12 cm 卡片

1. 在游戏区用粉笔画出一个大的正方形。
2. 把正方形划分成 9 部分。
3. 在每一部分内写出一个带有整体认读音节的字词。
4. 在每张 8 cm×12 cm 的卡片上写一个整体认读音节。
5. 选一个学生来读卡片上的音节。
6. 告诉其余的学生在正方形旁边排队。
7. 告诉读卡片的学生看着卡片并大声说出整体认读音节。
8. 告诉队列里的第一个学生单脚跳到带有这个音节的小正方形内,并让他读出音节。
9. 如果学生出了错,把正确的读音告诉他。
10. 让每个学生都有机会玩这个游戏。
11. 可以在学生熟练后,把正方形扩大到 16 格,把 16 个整体认读音节都练习一下。

■ 8.30 指出拼音字母中的哪个字母发指定的音

活动主题:发音游戏

能力要求：视力、听力、语言、动手能力

兴趣水平：小学

材料：大型纸板、粉笔、橡皮、教鞭

1. 在黑板上写出带有注音的字（词）。
2. 教师提问说："我在寻找一个声母为'm'的字"（或韵母为"ao"的字）。
3. 询问学生是否能用教鞭找出这个字（词）。
4. 当学生找到这个字母时，让他说出这个字（词）及其发音的字母和正确发音。
5. 如果学生回答正确，让他选择下一个学生来回答问题。
6. 如果学生回答错误，把正确的字母指给他，并让他再试一遍。
7. 用其他注音的字（词）进行反复练习。
8. 教师还可以把学生分成两组并为回答正确的学生计分。
9. 在游戏结束时得分最多的一组获胜。

■ 8.31　解码音节中的韵母

活动主题：拼音游戏

能力要求：视力、听力、语言、动手能力

兴趣水平：中级学生、青少年

材料：黑板、粉笔

1. 为学生提供一些字词拼音音节。
2. 让学生在音节中的韵母下方画上横线。
3. 让学生根据音节的韵母发音，说出包含发音的成语或谚语。
4. 教师为学生做示范。
5. 给学生留出一定的时间来完成任务。
6. 检查音节的准确性。
7. 对所有的答案都提出表扬。

■ 8.32　用拼音转盘复习拼读

活动主题：发音游戏

能力要求：视力、听力、语言、动手能力

八、拼　音

兴趣水平:小学、中级学生

材料:拼音转盘、拼音卡片

1. 教师和学生一起制作大小圆盘,在大圆盘外侧写声母(如图示)。

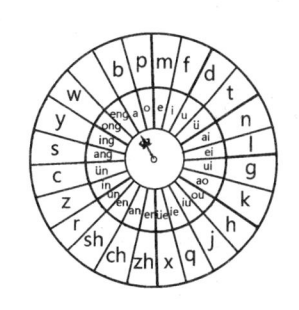

2. 在小圆盘上写韵母。
3. 在中间做一个小指针。
4. 告诉学生用指针指到老师要求的声母。
5. 用指针指到老师要求的韵母。
6. 用转盘把声母韵母转动到老师要的音节。
7. 学生相互出题,进行比赛。
8. 胜出的学生得到相应的拼音卡片,拥有最多卡片的学生就是获胜者。

8.33　根据所听到的声母或韵母写出相应的字母(如:写出"h")

能力要求:视力、听力、动手能力

兴趣水平:小学

材料:纸板、胶带、纸、钢笔、铅笔

1. 把手写的声母或韵母纸条贴在学生的课桌上。
2. 用几种不同颜色的水彩笔制作带有数字1—10的作业纸。
3. 发给每个学生作业纸。
4. 要求学生认真听教师报出的数字和相应的声母或韵母,如说"3号 a"。
5. 让学生根据听到的信息在相应的作业纸的数字旁边写出字母。
6. 让学生用手写的纸条作为指导。
7. 如果学生对数字不太确定,使用颜色作为提示,如"红色3"。
8. 如果学生有错误,指出纸条上正确的字母让他抄写。

9. 用其他的声母或韵母重复这个程序。

8.34　根据听到的读音写出字母

活动主题：拼音游戏
能力要求：视力、语言、动手能力
兴趣水平：小学、中级学生
材料：纸、笔

1. 让学生坐在桌子旁边，桌上放着纸和笔。
2. 把每个学生的名字及其拼音写在黑板上。
3. 在教师念学生名字拼音时，让学生听。
4. 教师说"开始"时，让学生写出拼音字并把纸的正面朝着教师举起来。
5. 说出拼音的读音。
6. 把写有正确音节的纸举起来，以便让写错的学生看到。
7. 告诉学生擦掉写在纸上的拼音并准备听写下一个拼音。

8.35　解码单音节中的声母

活动主题：拼音游戏
能力要求：听力、动手能力
兴趣水平：中级学生、青少年
材料：纸、笔

1. 用 8 cm×12 cm 的卡片制作几个牌照。
2. 发给每个学生至少一个卡片。
3. 让学生利用牌照卡片上声母的发音说出成语或短语。
4. 举出几个例子。如："d—大器晚成""t—特立独行"等。
5. 奖励回答快而正确的学生。
6. 根据需要提供帮助。

8.36　解码双音节中的声母

活动主题：拼音游戏

能力要求:视力、听力、语言、动手能力
兴趣水平:中级学生、青少年
材料:黑板、粉笔

1. 把全班分成几个小组。
2. 在黑板上为每个小组提供写字的地方。
3. 让学生在黑板上写双音节的词语。
4. 让学生根据双音节的声母发音,说成语或谚语。
5. 教师为学生做示范。
6. 给学生留出一定的时间来完成任务。
7. 检查双音节词语的准确性。
8. 对所有的答案都提出表扬。
9. 说出双音节词语最多的小组就是获胜者。

8.37 解码三音节中开头的、中间的和最后的声母

活动主题:拼音游戏
能力要求:听力、语言
兴趣水平:中级学生、青少年
材料:黑板、粉笔

1. 在黑板上写一个三音节词语,如:dà shàng hǎi(大上海)。
2. 让学生根据音节的声母发音,说成语或谚语。
3. 教师为学生做示范。
4. 给学生留出一定的时间来完成任务。
5. 检查音节的词语的准确性。
6. 对所有的答案都提出表扬。

8.38 解码音节中的韵母

活动主题:拼音游戏
能力要求:视力、听力、语言、动手能力
兴趣水平:中级学生、青少年

材料：黑板、粉笔

1. 为学生提供一些字词拼音音节。
2. 让学生在音节中的韵母下方画上横线。
3. 让学生根据音节的韵母发音，说出包含发音的成语或谚语。
4. 教师为学生做示范。
5. 给学生留出一定的时间来完成任务。
6. 检查音节的词语的准确性。
7. 对所有的答案都提出表扬。

■ 8.39 拼写熟悉的拼音

能力要求：视力、听力、语言

兴趣水平：小学、中级学生

材料：黑板、大头针、玩具消防帽、纸板、剪刀

1. 在黑板上画一个梯子。
2. 把需要拼写的关键字词放在梯子的每一个横档上（如图示）。

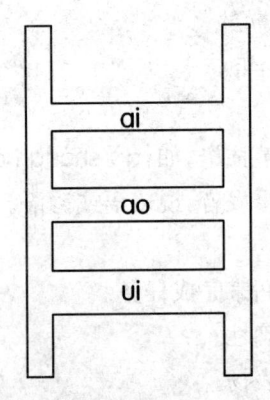

```
ai
ao
ui
```

3. 让学生轮流自下而上写出拼音。
4. 把玩具消防帽奖给能够"爬上"整个梯子的学生。
5. 如果学生拼写错了，让他把这个拼音重写并进行重读。
6. 教师还可以用纸板为每个学生制作一个梯子，并在梯子上列出他自己的关键字词。

8.40 拼写有意义的单元

能力要求：视力、动手能力
兴趣水平：小学、中级学生
材料：黑板或纸、粉笔、铅笔

1. 准备一个分为 9 部分的大方格。
2. 把一个韵母或声母按任意顺序写在方格中的每一部分上（如图所示）。

l	i	ü
u	a	p
f	e	o

3. 让学生看一看他们能够用方格中的字母组成多少个音节。
4. 组织比赛，看哪个学生或小组能够找出最多的音节。
5. 教师还可以把方格划分成更多的部分。

8.41 解码熟悉的多音节单词语,把他们分解成有意义的单元或字母读音

能力要求：视力、听力、语言、动手能力
兴趣水平：小学、中级学生
材料：图片、纸板

1. 收集或画出学生正在学习的双音节词语的图片。
2. 把每张图片分别粘贴在纸板上。
3. 向学生展示图片,拍一下手并说出第一个音节;停顿一秒钟,然后再次拍手并说出第二个音节。
4. 把图片正面朝下堆放在桌子中央,教师和学生围坐在桌旁。
5. 让教师左边的学生选择图片,然后让他一边说出图片上词语中的每一个音节一边拍手。
6. 告诉学生如果他说对了,他可以留着这张卡片。
7. 如果学生说错了,教给他如何划分词语的音节,并把这张卡片放在这堆卡片的最下面。
8. 继续下去,直到把这堆卡片都用完。

9. 指出获得最多卡片的学生就是获胜者。

■ 8.42 把字母和有意义的单元组合起来,从而把熟悉的音节词语作为一个整体来读

能力要求:视力、听力、语言、动手能力

兴趣水平:中级学生、青少年

材料:磁带、磁带录音机、铅笔、纸

1. 对每周需要拼写的音节进行记录。
2. 准备作业纸,上面列出每个词语音节的可能的两种拼写形式,如:in—yin。
3. 发给每个学生作业纸和铅笔。
4. 让学生听磁带并圈出每个词语音节的正确的拼写形式。
5. 把拼写错误的词语音节记录下来并让学生复习正确的拼写形式。

■ 8.43 拼写不熟悉的单音节字词

能力要求:视力、动手能力

兴趣水平:小学、中级学生、青少年

材料:印有小方格的绘图纸、纸、铅笔、作业纸

1. 发给每个学生一张印有小方格的绘图纸,把上方隔出来用做"字词搜索"。
2. 让每个学生为他自己要制作的字词搜索谜题选择主题,并把主题写在绘图纸的上方。
3. 让每个学生在绘图纸的下半部分列出适合这一主题的字词。
4. 检查学生的拼写有没有错误。如果有错误,和学生一起纠正。
5. 让学生在绘图纸的上半部分写出竖向的、横向的和斜向的字词,每个字母占一格。
6. 让学生用任意的字母填充余下的方格。
7. 用每个学生所完成的字词搜索谜题制作作业纸,一式两份。
8. 分发谜题,让学生先做自己的字词搜索谜题,然后再做其他学生的。
9. 你还可以使用带有较大方格的绘图纸来适应年龄更小的学生。

八、拼 音

8.44　拼写不熟悉的多音节词语

活动主题:拼音游戏

能力要求:动手能力

兴趣水平:中级学生、青少年

材料:15 cm×5 cm 彩色纸卡片

1. 用各种彩色纸剪一些 15 cm×5 cm 的卡片。
2. 发给每个学生一种颜色的卡片。
3. 讨论"房子"的意思。如:各种各样的房子和动物的房子(如图所示)。

| 圆顶建筑 | 宫　殿 | 兽　穴 |

| 棚　屋 | 山　洞 | 公　寓 |

4. 让学生写出他们能想到的各种各样的房子的拼音,每张卡片上写一个词语的拼音。
5. 告诉学生他们必须先把写有词语拼音的卡片放在报告栏上,然后才能继续写下一个词语。
6. 不允许重复。

8.45　拼写出相同辅音音节的字、词

活动主题:拼音游戏

能力要求:听力、语言

兴趣水平:小学、中级学生

材料:13 cm×18 cm 卡片、彩笔

1. 在 13 cm×18 cm 的卡片上打印一些字词和拼音。
2. 询问学生谁愿意充当"猜谜者"。
3. 让"猜谜者"坐在其他学生的对面,同时,教师把一张卡片放在他的头顶上方。
4. 选择几个学生编一些谜语或句子。这些谜语或句子省去了写在卡片上的

字、词的拼音。

5. 让"猜谜者"说出这个字词拼音并把它正确拼写出来。

6. 让那个为"猜谜者"提供线索、使他能够猜出字词拼音的学生成为下一个"猜谜者"。

7. 教师还可以限制时间长度或线索的数量。

8.46 拼写出相同韵母音节的字词

活动主题：拼音游戏

能力要求：视力、听力、动手能力

兴趣水平：中级学生、青少年

材料：纸、铅笔

1. 准备几套字词的拼音,让这些字词的拼音可以通过一次替换一个韵母变为其他字词的拼音。如："cǎi(采)——cǎo(草)"和"huā(花)——guā(瓜)"。

2. 给学生提供第一个字词,让他们接龙下去。

3. 至少为学生示范一次转换,以便让学生理解这个过程。

4. 挑战学生的能力,看他们能否用尽可能多的字词进行转换。

5. 鼓励学生举一反三进行更多地练习。

8.47 根据情境正确拼写出相似的字词

活动主题：拼音游戏

能力要求：走动、视力、听力、语言

兴趣水平：中级学生、青少年

材料：8 cm×13 cm 卡片、纸、笔

1. 准备一些带有相似的词语的句子,如："玛丽需要一支黑色的笔(pen)来写完她的信。""昨晚我用大头针(pin)刺到了我自己。"

2. 准备两套相同的卡片。这两套卡片分别包含所有的声母字母各2次和所有的韵母字母各8次。

3. 把一套卡片放在教室的左前部,另一套卡片放在教室的右前部。

4. 在教室的后半部把学生分成两组。

5. 让学生在听写字词以及在教师用字组词或造句时认真听。
6. 让学生一直等到教师说"开始",然后让每组学生中有适当数量的学生去选择带有正确拼音字母的卡片,每个学生只拿一张卡片。让学生写字词拼音时按正确的顺序站立。这样一来,对于字词"hua(花)",每组学生中就会有两个以上队友站在教室前部。这些队友分别拿着一张卡片按顺序站立,以便让他们的卡片能够组成"hua"。
7. 给第一个正确拼出拼音的小组计分。
8. 继续下去,直到所有的字词拼音都被拼写出来。
9. 游戏结束时得分最多的小组就是获胜者。

8.48 根据情境正确拼写出同音异义词(如:huà—画、话)

活动主题:拼音游戏
能力要求:视力、听力、语言、动手能力
兴趣水平:中级学生
材料:图画纸、黑色记号笔、剪刀、小丑图案

1. 在一个模板上列出一些同音异义词。
2. 在另一个模版上画一个小丑。
3. 为每个学生准备一张作业纸,上面有一个同音异义词列表和几个小丑。
4. 发给学生剪刀、纸和用来书写同音异义词的记号笔。
5. 让学生剪出两个小丑,在其中的每个小丑上写一个词,组成一对同音异义词。
6. 检查拼写是否正确。
7. 让每个学生用他的两个同音异义词造句,并让其他学生猜测这两个词的正确拼音。
8. 如果发言的学生拼错了词的音节,让他留着写有这个词的小丑。
9. 在连续的游戏中增大同音异义词的难度。

8.49 根据常规的标准大声拼读或写出字词

活动主题:拼音游戏
能力要求:视力、听力、语言、动手能力

兴趣水平：中级学生、青少年

材料：8 cm×13 cm 卡片、笔

1. 准备 52 张 8 cm×13 cm 的拼音字母卡片，以便玩"偷词"游戏。
2. 让庄家发给每个玩家 9 张卡片。
3. 让学生用桌子上的拼音字母组成尽可能多的字词，并把这些字词放在他们自己前面。
4. 告诉学生他们可以"偷词"——通过在对手的字词上增加一个或多个字母来改变这个字词并把这个字词据为己有。如，yá(牙)——fáo(摇)
5. 如果一个学生手中所剩的卡片都被抽走，他就出局了。
6. 当一个学生手中没有了卡片，游戏就结束。
7. 计算学生的得分：他们用来组成字词的每张字母卡都可以获得 2 分。
8. 在游戏结束时得分最多的学生就是获胜者。

8.50 在字典中查找不熟悉的字、词的拼写

活动主题：拼音游戏

能力要求：视力、动手能力

兴趣水平：小学、中级学生、青少年、成年人

材料：笔、作业纸

1. 让学生把拼写起来有困难的字词汇编成组群清单。
2. 这个清单上只包括满足下列条件的单词：字词意思已知并且将要作为学生的书写词语。
3. 和学生一起按声母表顺序排列所有字词。
4. 用小册子的形式安排这些字词，留出一些空间让学生可以增加新的字词。
5. 每本小册子有 30—40 页。
6. 发给每个学生一本小册子。
7. 告诉学生当他们不确定字词的拼写时，就在他们"自己的拼写字典"中查找这些字词。
8. 让每个学生写一段话来试验一下这本新字典。
9. 你还可以通过改变入选的字词来调整难度。

九、推　理

9.01　把物品按颜色、形状、大小或长度分类

活动主题：纽扣分类

能力要求：视力、动手能力

兴趣水平：学前、小学

材料：纽扣、鞋盒、空白卡片、水彩笔

1. 收集几个有着不同颜色、大小和形状的纽扣。
2. 把纽扣放在鞋盒里。
3. 在约 8 cm×14 cm 的卡片上写一些提示语。如："挑选出所有的红色纽扣""挑选出所有的小纽扣"或"挑选出所有的正方形纽扣"。
4. 根据卡片上的描述，在卡片上画出纽扣并涂色。
5. 为学生演示怎样使用"纽扣盒子"。
6. 告诉学生："选一张卡片，阅读提示，并按照卡片上的提示挑选纽扣。"
7. 让所有的学生独立完成任务，偶尔检查一下。

9.02　指出物体的上、下位置关系或者按上、下的位置关系来放置物体

活动主题：圆桌布游戏

能力要求：走动、视力、听力、动手能力

兴趣水平：小学

材料：圆桌布、橡皮球

1. 跟学生一起讨论"圆桌布游戏"规则。
2. 在教师说"开始"之前，学生不要做任何动作。学生先仔细听教师的提示要求，然后再开始。
3. 学生要听从教师所有的指令。

4. 带着圆桌布、2个橡皮球,和学生一起来到草地上。
5. 把圆桌布完全打开、平放在草地上。
6. 告诉学生围着圆桌布站着,认真听讲和观察。
7. 告诉学生教师会让他们蹲下来、抓住圆桌布的边缘。在教师说"开始"的时候,他们就把圆桌布拉起来;在教师说"向上"的时候,他们就站起来并且把圆桌布举到头顶上方。
8. 在圆桌布完全打开被举起之后,再把它降下来并放在地上。
9. 选择认真听讲的学生做重复"向上、向下"的表演练习。
10. 依次让其他学生参加并练习一次。让学生在圆桌布被举起来的时候说"向上",在被放下来的时候说"向下"。
11. 选择两个学生做下面的表演练习。
12. 告诉这两个学生:当他们听到自己名字的时候,他们就要跑到圆桌布下面,并且在它放下来之前跑到另一边。
13. 依次轮流重复下去,直到每个学生都轮过来。

9.03 用画图的方式图解一则信息

活动主题:图解故事
能力要求:视力、听力、动手能力
兴趣水平:小学、中学生、青少年
材料:故事书、铅笔、纸、蜡笔

1. 选择一个容易图解的故事。
2. 把故事读给学生。
3. 让学生编一些关于这个故事的句子。
4. 发给每个学生一张纸。纸的底部画着两行横线。
5. 在上面的横线上打印一个句子。
6. 让学生在下面的横线上抄写这个句子。
7. 告诉学生在纸上画一张图来图解这个句子。
8. 展示学生所画的图片。

9.04 在5个物体或图片中找出不属于同一类的那一个

活动主题:玩具分类
能力要求:视力、动手能力
兴趣水平:学前、小学
材料:盒子、物体

1. 准备几个小盒子。
2. 在每个盒子里放进5个物体,其中4个是相似的,1个是不同的。如:4个小塑料玩具船和1个小塑料玩具飞机。
3. 发给每个学生一个盒子,让他们试着说出这些物体的名字并辨认哪一个和其他的不属于同一类。
4. 如果学生判断错误,把正确的物体指给他并让他再试一次。
5. 让学生轮流辨别盒子里的物体。

9.05 解释为什么某个物体或图片中的物体和其他的4个不属于同一类

活动主题:图案分类
能力要求:视力、动手能力
兴趣水平:学前、小学
材料:鞋盒、图片卡

1. 为每个学生准备一个鞋盒、4个画有工具(如剪刀、刷子等)和3个其他物体图案的卡片(如花儿或玩具)。
2. 发给每个学生这7个物体图案卡片。
3. 告诉学生把那些应该放进工具箱的物体放在鞋盒里,把其他的放在一边。
4. 让学生完成任务后举手。
5. 让完成任务的学生解释为什么那些物体不应该放进工具箱。

9.06 对5种不同类别的物体或物体图片进行分类

活动主题:填图游戏
能力要求:视力、动手能力

兴趣水平:小学

材料:图片、纸板、水彩笔、胶水

1. 从杂志上剪下水果、蔬菜、玩具、衣服、宠物或其他类别的物品图片。
2. 把图片粘贴在约 6 cm×6 cm 的纸板上。
3. 剪一个约 25 cm×30 cm 的纸板,把它划分成多个约 5 cm×5 cm 的正方形。
4. 在纸板最上方的 5 个正方形中写出或图示出不同的类别。
5. 让学生轮流把贴有图片的卡片放在正确的分类中。
6. 指出正确填充这个纸板的学生就是获胜者。

9.07 说出经过分类的物体的类别

活动主题:形状分类

能力要求:走动、视力、听力

兴趣水平:小学

材料:图画纸、剪刀

1. 剪出大小不同的三角形、正方形、圆形和矩形(如图所示)。

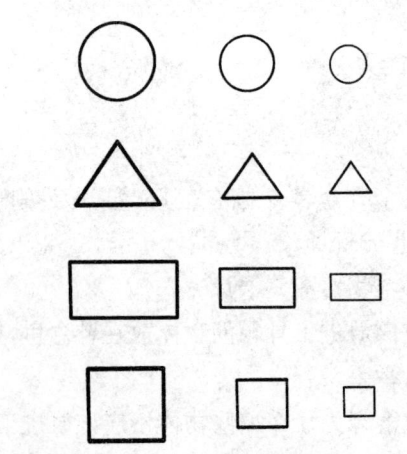

2. 把这些形状摆在地板上。
3. 给学生一些简单的指令,如:"踩在所有的正方形上"或"踩在一个小三角形上"。
4. 引入不同颜色的形状或更多的尺寸和形状,以此来增大难度。
5. 完成简单一点的任务之后,让学生一边踩在这些图形上面,一边说出它们的形状、颜色和大小。

9.08 对5种不同类别的物体或物体图片按照功能进行分类

活动主题：功能分类
能力要求：视力、听力、语言
兴趣水平：学前、小学
材料：物体

1. 准备小的玩具物体，让它们可以分成不同类别，如：可以飞行的、可以漂浮的、可以驾驶的、可以坐的、可以烹饪的物体。
2. 把另一类别的所有物体展示给学生。
3. 留给学生几分钟的时间用这些玩具玩耍和实验。
4. 讨论这些物体是什么，学生可以用它们做什么。
5. 用每个类别的物体重复上述步骤。
6. 把所有类别的物体混合在一起。
7. 告诉学生："给我一个可以用来做饭的。"
8. 依次对每一个类别进行练习。
9. 随机拿起一个物体，问："我可以用它做什么？"
10. 依次对其他每个物体都提出同样的问题。
11. 转换角色，让学生向老师问问题。
12. 偶尔有意犯一个错误，看学生能否及时发现。

9.09 对相似的物体或物体图片进行匹配

活动主题：过河游戏
能力要求：视力、动手能力
兴趣水平：小学
材料：标签纸、纱线、笔、打孔机

1. 剪几个约 8 cm×20 cm 的卡片。
2. 再剪 1 个约 30 cm×26 cm 的纸板。
3. 在约 8 cm×20 cm 的卡片上画一条河，河中央画一些小船，以便玩"过河"游戏。

4. 把图片的几个角粘在标签上,让 2 张 8 cm×20 cm 的卡片可以从河的左边移到右边。

5. 在河的两边分别打 5 个孔。

6. 把不同颜色的纱线从左边的每个孔里穿过去,在后面打结,让纱线露在外面的一头儿悬垂在河流图片的旁边。

7. 剪出 5 张图片,这些图片可以是任意的,也可以是某个类别的。把它们从上到下粘贴在一张 8 cm×20 cm 的卡片上。

8. 再剪出 5 张图片,让每张图片和前边的 5 张图片分别对应相似。把它们从上到下粘贴在另一张 8 cm×20 cm 的卡片上。

9. 在河的两边分别把卡片滑动到角落上。

10. 让学生拿着靠近左边第一张图片的纱线,在右边找出和它对应的图片并把纱线穿进靠近那个对应图片的孔里。

11. 先演示一下再让学生试练。

9.10 字母或单词的匹配

活动主题:拼图游戏

能力要求:视力、语言、动手能力

兴趣水平:小学

材料:拼图玩具

1. 准备常规的儿童拼图玩具(如图所示)。

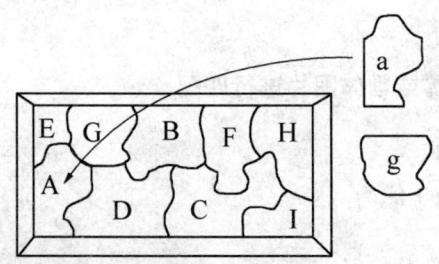

2. 拿出一片拼图并在反面写上小写字母。

3. 在和它相连的图片上写出相应的大写字母。

4. 继续在其余的拼图上写出不同的小写字母,在相应的图片上写出匹配的大写字母。

5. 让学生选一片拼图,说出反面的字母名字,然后找出写在另一片拼图上的、和他所选的字母相匹配的大写字母。
6. 告诉学生把拼图放在与相匹配的拼图的上面。
7. 让学生继续下去,直到把拼图反面的字母全部匹配好。

9.11 把3张简单的图片按顺序放置

活动主题:照片排序
能力要求:视力、语言、动手能力
兴趣水平:小学
材料:照相机、彩色打印机、盒子

1. 在一天的早晨、中午、傍晚3个时间段拍3张学生的照片并打印出来,以便让这些打印的照片可以很容易地按时间排序。
2. 把照片放进盒子里,盒子上写有学生的名字。
3. 指出每张照片中都有一个学生,让这个学生想一想他当时在做什么。
4. 在讨论完这3张照片后,询问哪一张照片中的时间最早。
5. 学生选出正确的照片后,让他把第一张照片放在左边。
6. 继续选择其余的照片,直到所有这3张照片都按适当的时间顺序从左到右摆放。
7. 让学生用这些照片来讲故事。

9.12 把3个书面语或口语排序

活动主题:排序赛跑
能力要求:视力、听力、语言、动手能力
兴趣水平:小学
材料:空白卡片、水彩笔、纸板、记号笔

1. 制作竞赛跑道(画有进程的格子)游戏板。
2. 为每个学生准备一匹玩具马。
3. 准备几个游戏卡片,在上面写出几个顺序混乱的句子,如:我在公园骑自行车;我走出去;我穿上外套。

181

4. 把卡片放成一堆。
5. 要求学生选择卡片、读句子并告诉教师句子的正确顺序。
6. 如果学生的回答正确,让他在竞赛跑道上前进一格。
7. 对不正确的回答进行讨论。让回答错误的学生在下次轮到他之前说出正确顺序。

9.13 型号判断

活动主题:套丝带
能力要求:视力、语言、动手能力
兴趣水平:小学
材料:丝带、剪刀、水彩笔、信封

1. 把丝带剪成长短不同的几段,分别适合学生的手指、腰部、脚踝和头部。
2. 把这几段丝带分别装进一个信封里,信封上写上学生的名字。
3. 让学生说出哪一段丝带适合套在他的手指。
4. 针对他的腰部、脚踝和头部提出同样的问题。
5. 如果学生回答错误,在一星期或一个月内不时地重复,直到他能够做出正确判断。

9.14 长度判断

活动主题:估长画线断
能力要求:视力、动手能力
兴趣水平:小学、中学生、青少年、成年人
材料:尺子、码尺、黑板、粉笔

1. 让2到3个学生每人在黑板上画一条1寸长的线段,不使用测量工具,并在线段旁边写上名字。
2. 让另外2到3个学生每人在黑板上画一条1尺长的线段,并在线段旁边写上名字。
3. 再让其他2到3个学生每人在黑板上画一条1米长的线段,并在线段旁边写上名字。

4. 给一个学生一把尺子,让他测量一下那 1 寸长的线段。
5. 依次通过测量,确定所画线段最接近 1 寸、1 尺或 1 米的学生为优胜者。
6. 每周重复一到两次,直到多数学生都能估计出寸、尺和米的真正长度。

9.15 重量判断

活动主题:掂量物品
能力要求:动手能力
兴趣水平:小学
材料:容器、喷漆

1. 收集 10 个同样大小的容器和 5 种不同的物品。
2. 把每两个容器装满同样的物品,这样获得了 5 对不同重物的容器。
3. 把容器交给学生。
4. 告诉他们把容器拿起来,找到重量相同的几对容器。

9.16 距离判断

活动主题:感知距离
能力要求:视力、动手能力
兴趣水平:小学
材料:胶带、尺子、码尺

1. 站在墙壁的右角、伸出手臂触摸墙壁,以此来展示位置关系。
2. 用不透明胶带粘在你的脚所站立的地方。
3. 让学生站在相同的位置,观察他的脚在哪里、他需要站得离墙面有多远才能让手臂伸直后几乎触及墙面。
4. 让学生回到座位上。
5. 选一个学生把不透明胶带放在他认为他的脚应该站立的位置,以便让他伸直手臂后几乎可以触及墙面。
6. 让学生验证他的判断是否准确。
7. 如果他的判断不准确,询问他是否应该让胶带离墙壁更远一点或更近一点。
8. 重新调整胶带的位置并再试一遍。

9. 进行拓展练习,询问学生:"你站在哪里才能让你的胳膊肘触到墙壁?让展开的尺子触到墙壁?"

9.17 温度判断

活动主题:看天气估温度
能力要求:视力、动手能力
兴趣水平:学前、小学
材料:纸板、笔、温度计、剪刀、布告牌

1. 用纸板剪出大型的钟面。
2. 用水彩笔把钟面分成 6 份,把箭头贴在钟面的中央。
3. 从杂志上剪下一些显示多云、有雨、有风、晴天、凉爽和炎热等天气状况的图片,并把这些图片分别贴在钟面上(如图所示)。

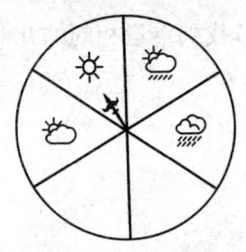

4. 把这个钟面挂在布告牌上。
5. 每天上午上课之前讨论天气,并让钟面上的箭头指向适当的天气状况图。
6. 把各种天气同预计的温度联系起来。
7. 让学生猜测一下温度是多少。
8. 用室外温度计检查学生的猜测是否准确。
9. 在一天结束的时候讨论任何的天气变化,并重置箭头。

9.18 时间判断

活动主题:活动估时
能力要求:视力、语言、动手能力
兴趣水平:小学
材料:跑表、铅笔、粉笔、黑板、纸

1. 准备一只跑表。
2. 列出学生可以很容易完成的任务,如:分发试卷。
3. 在黑板上写出每个学生的名字。
4. 告诉学生你打算让小明分发试卷,让他们猜测小明将会花费多少时间。
5. 在每个学生的名字旁边写上他所估计的时间。
6. 告诉小明"开始"的指令一旦发出,老师就开始用跑表计时,而他就开始分发试卷。
7. 说"开始",并开始计时。
8. 当小明分发完试卷的时候就停止计时,并选择一个学生来读时间。
9. 告诉这个学生如果他读得正确,他就可以用跑表为下一项任务计时。
10. 如果这个学生读得不正确,选择另外一个学生来读。

9.19 速度判断

活动主题:测速赛跑

能力要求:视力、听力、语言、动手能力

兴趣水平:小学

材料:游戏板、水彩笔、索引卡、记号笔

1. 准备带有进格竞赛跑道的游戏板。
2. 制作游戏卡片,每张卡片上画有两个可以移动的物体,如:飞机和蜗牛。
3. 在每张卡片上写上数字1或3,以便指定学生在做出正确回答时可以在游戏板上前进的空格数。
4. 告诉学生他们将要轮流选择卡片,这些卡片会显示他们的前进速度是相同的、还是一快一慢,并显示出哪一个较快。
5. 开始游戏。
6. 如果学生的反应正确,让他按照卡片上所显示的空格数前进。
7. 对不正确的反应进行讨论,并把那张卡片放在一边留待稍后的指示。

9.20 图解2则信息

活动主题:图解信息

能力要求：视力、听力、语言、动手能力

兴趣水平：小学、中学生

材料：游戏板、骰子、铅笔

1. 制作一个由 60 个方格组成的游戏板。
2. 在每个方格中分别写出指令，如：前进 1 格；后退 1 格。或者让学生图解 2 则信息，如：画一个难过的人，画一条皮包骨的蛇，或画一只快乐的海龟（如图所示）。
3. 发给每个学生一张带有 9 个空格的纸。
4. 让学生掷骰子并按照骰子上的点数在游戏板上移动相应的空格数。
5. 让学生按照游戏板上空格中的指示来做。
6. 如果学生需要画画，让他画在作业纸上的空格中。
7. 如果学生兴趣不高，在学生开始画画之前，可告诉他应该画什么。
8. 擦掉不正确的图画。
9. 完成了游戏并在作业纸上的所有 9 个方格中填上正确图片的学生就是获胜者。

画一只快乐的海龟	后退1格	画一条皮包骨的蛇	画一条肥胖的虫子	前进2格	画一个高个子男人

9.21 确定不同物体 3 个方面的相似性

活动主题：判断物体的相似性

能力要求：视力、语言

兴趣水平：小学、中学生

材料：各种各样物品

1. 把碗、平底锅和量杯放在学生前边。
2. 询问"这些物体有哪些相似点？""他们分别是做什么用的？"和"他们是用什么材料制成的"。
3. 给学生留出时间思考并回答这些问题。
4. 把红色铅笔、红色蜡笔、红色钢笔和红色水彩笔放在学生前边。
5. 询问同样的问题并等待学生答复。

6. 把白色餐巾纸、白色纸巾和白色图画纸放在学生前边。
7. 询问同样的问题并等待学生答复。
8. 继续使用下列分类。
9. "蜡烛、油灯、手电筒"和"台灯"。
10. "水杯、杯子、坛子"和"大水罐"。
11. "托盘、碟子、盘子"和"大浅盘"。

9.22 确定不同物体在哪3个方面相异

活动主题：判断物体的相异性

能力要求：视力、语言、动手能力

兴趣水平：小学、中学生、青少年、成年人

材料：纸板、水彩笔、记号笔、索引卡、剪刀、彩色图画纸、骰子

1. 准备一个由38个方格组成的游戏板。
2. 把方格随意涂上蓝色、绿色和红色，让蓝色方格少于绿色和红色方格。
3. 准备3堆卡片，其中上述每种颜色各占1堆。
4. 把3个相似物体的图片粘贴在绿色卡片上，把3个不同物体的图片粘贴在红色卡片上，把指令写在蓝色卡片上，如："前进2格"。
5. 把每一堆卡片都放在游戏板上。
6. 发给每个学生记号笔和骰子。
7. 告诉学生轮流掷他们自己的骰子，移动骰子上所显示的方格数，并选择和骰子所在的新位置颜色相同的卡片。
8. 告诉学生如果他有蓝色卡片就遵从上面的指令。
9. 告诉学生如果他有绿色卡片就指出图片中物体的3个相似之处。
10. 告诉学生如果他有红色卡片就指出图片中物体的3个不同之处。
11. 告诉学生如果他的回答正确，他就可以待在现在的位置上；如果他的回答不正确，他就必须退回到上一次的位置上。
12. 在他退回上一次的位置之前，把正确的答案告诉他。下次轮到他的时候，他必须正确回答上一次的卡片上的问题。

9.23 图解 3 条信息

活动主题：图解故事信息
能力要求：视力、语言
兴趣水平：小学、中学生
材料：卡片、纸和蜡笔

1. 写一些简单的、由 1 到 3 个句子组成的段落，其中包括 1 到 3 条故事信息。
2. 确保每个单词都在学生所掌握的词汇范围内。
3. 把每个段落分别打印在一些 8 cm×12 cm 的卡片上。
4. 把这些故事卡片放进文件盒子里。
5. 把故事卡片、纸和蜡笔发给学生。
6. 让学生读故事并根据故事内容画图片。
7. 让学生把故事内容抄写在他们自己的图片下方，以此来强化抄写和写作技巧。
8. 展示学生完成的作业。

9.24 把 4 张图片按顺序排列

活动主题：图片排序
能力要求：视力、语言、动手能力
兴趣水平：小学、中学生、青少年、成年人
材料：铅笔、纸、黑板、粉笔

1. 画出由最简单的线条组成的图片。
2. 一次只在黑板上画一个线条，通过这种方式把图片展示给学生。
3. 把这些线条按顺序排好，并给学生留出猜测的时间（如图所示）。

4. 让学生尽可能说出自己真实的想法。
5. 让学生在画完线条时就举起铅笔。

6. 表扬举起铅笔的学生并鼓励他们猜测这张图片将会是什么,从而保持学生的兴趣和注意力。
7. 一边画线条一边描述所画的线条类型,以此来帮助学生理解词汇。
8. 教师还可以先画出整个图片,然后擦掉一些线条让图片看起来有所不同。

9.25 用书面的或口头的形式排序

活动主题:照片排序
能力要求:视力、动手能力
兴趣水平:小学、中学生
材料:纸、水彩笔、照片、胶水

1. 在彩色标签纸上剪出一些约 8 cm×8 cm 的卡片。
2. 如果可能的话,为每个学生准备几张卡片和色标。
3. 向每个学生父母要 3 到 5 张学生的照片,最好是从婴儿时期直到现在的照片。
4. 把每一套照片裱在彩色纸上。
5. 发给每个学生一套他自己的或另一个学生的照片,让他展示孩子的成长。

9.26 找出不恰当的、不相称的物体

活动主题:排序判断
能力要求:视力、动手能力
兴趣水平:小学、中学生
材料:图片、杂志、张贴材料、胶水等

1. 准备一些顺序混乱的或有错误的图片。
2. 让学生分组坐下来。
3. 给学生看这些图片。
4. 让学生找出并说出图片中有什么不对的地方。
5. 发给学生杂志和张贴材料。
6. 告诉学生找到、剪出并张贴他们自己的混合图片。
7. 让每个学生分享他们的图片,同时让其他学生说出不恰当的地方。

9.27 完成4个有序排列的图案

活动主题:图案排序

能力要求:视力、语言、动手能力

兴趣水平:小学

材料:纸、铅笔

1. 准备作业纸,纸上画有2到3个至少重复2次物品的图案,如:xoxoxo。
2. 使用圆形、正方形、圆点和线条。
3. 一边指着第一个图案,一边大声说出这个图案的图形。
4. 学生指出图案中的下一个形状应该是什么样的。
5. 为学生示范正确的回应。
6. 说出下一个图案,让学生大声回答。
7. 继续进行下去,直到学生表现出对完成任务的信心。
8. 如果学生有困难,通过有节奏地拍手来强调图案的节律性。
9. 要求学生在纸上完成图案或增加图案中物品的数量,以此来增大难度。
10. 对于年幼的学生,可以画一些有序排列的马戏团动物,并让学生完成这些图案。如:"狮子、熊、狮子、熊。"

9.28 按顺序摆放5张或更多的图片

活动主题:图案有序排列

能力要求:视力、动手能力

兴趣水平:小学、中学生、青少年、成年人

材料:图片、布告栏、铅笔、信封、纸

1. 收集几套图片,每套由5张图片组成。在把这5张图片按顺序摆放时就组成一个故事。
2. 使用童话故事或其他熟悉的故事。
3. 省去最后一张图片,把它放进信封里。
4. 在布告栏上留出空间,把它标记为:故事讲述者的栏目。
5. 让学生选择一套图片并把里面的4张图片按顺序排列。
6. 让所有的学生画出图片来表明故事的适当结局。

7. 留出时间让学生把他们自己的图片和信封里的图片做比较,并口头分享他们的故事。
8. 用言语强化所有看似合理的结局。
9. 当学生令人满意地完成任务时,把他们的名字写在布告栏上。
10. 教师还可以让学生为他们的故事画出幽默的结局。

9.29 把 5 个书面或口头的句子按顺序排列

活动主题:句子排序

能力要求:视力、语言、动手能力

兴趣水平:小学、中学生

材料:纸、图画纸、剪刀

1. 选择简单的故事。
2. 准备一张纸,纸上用 5 个句子复述一个故事,但句子的顺序是混乱的。
3. 把故事读给学生听。
4. 发给每个学生一张写有句子的纸、一张图画纸和一把剪刀。
5. 指导学生把每个句子分别剪下来,在图画纸上按正确顺序排列。
6. 对正确的摆放顺序给予奖励:允许学生把句子粘贴在图画纸上,然后在图画纸上画图表达这个故事。
7. 为学生示范正确的摆放顺序,复述这个故事,把句子打乱顺序并让学生再试一遍。

9.30 用抽象的方法把图案按顺序摆放

活动主题:图案序排列

能力要求:视力、动手能力

兴趣水平:小学、中学生、青少年、成年人

材料:索引卡、水彩笔、张贴物

1. 准备一个约 8 cm×8 cm 的张贴板。
2. 把张贴板分成 16 个相等的正方形。
3. 在每个正方形中画上或摆放上 4 种不同的形状或颜色。

4. 在每个正方形中随意点上 1 个、2 个、3 个或 4 个圆点,这样一来就没有 2 个相同的形状、颜色或数字出现在相邻的正方形中。

5. 画出 4 条断断续续的线段来连接每个形状和相邻的正方形。

6. 剪出这 16 个正方形。

7. 把这些正方形发给学生。

8. "摆放这些正方形,让每个相邻的正方形上的这些断断续续的'小路'相互匹配而又没有尽头。"

9. "摆放这些正方形,让不同的颜色、形状或数字不会出现在一行、一列或一条斜线上。"

10. "摆放这些正方形,让每行有 10 个圆点。"

9.31 顺序方面的判断

活动主题:画面排序
能力要求:视力、语言、动手能力
兴趣水平:小学、中学生、青少年、成年人
材料:连环画、胶带、纸

1. 把连环画故事中的每个图片分别剪下来或复印。
2. 把每个故事图片分别贴在一张厚纸上。
3. 把图片打乱顺序,然后正面朝上摆在学生前面。
4. 让学生选出他认为应该排在第一个的图片。
5. 然后继续排序下去,直到所有的图片都排在适当的位置。
6. 让学生说一说每张图片的情节,以便确保这些图片都按适当顺序排列。
7. 如果学生出了错,告诉他哪张图片必须改变位置、原因是什么。

9.32 把属于彼此的物体、图片、文字和声音相匹配

活动主题:图片匹配
能力要求:视力、动手能力
兴趣水平:小学、中学生、青少年
材料:图片、胶带、拼图

1. 剪出几张小的物体图片，图片中的物体属于同一类别。
2. 把同一类别的物体图片分别粘贴在每一片拼图的反面。
3. 把多片拼图混在一起。
4. 让学生区分出属于同一类别的拼图图片。
5. 告诉学生如果他们能够对这些拼图图片进行正确分类，他们就可以把整个拼图拼在一起。

9.33 匹配反义词（如：热/冷）

活动主题：章鱼航海

能力要求：视力、语言、动手能力

兴趣水平：小学、中学生、青少年、成年人

材料：剪刀、胶水、纸板、水彩笔、记号笔、骰子

1. 从杂志上剪下反应热/冷、旧/新、高/低和其他相反概念的图片。
2. 准备一个游戏板。上面画一条蛇形路径（如图所示）。

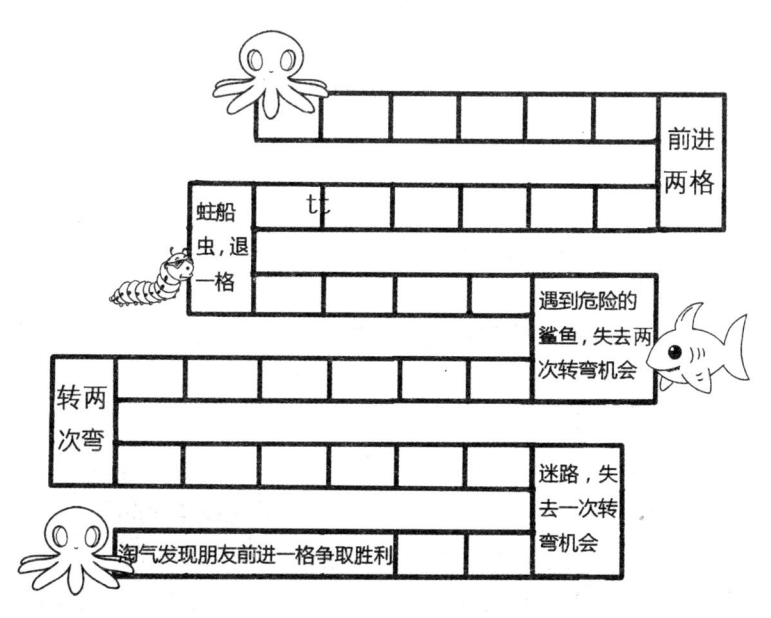

3. 在最上面的第一个方格中写"开始"。
4. 把这条路径分成大约40个空格。

5. 在游戏开始和结束的地方分别画一条名叫"淘气"的章鱼。

6. 在游戏板上画一条巨大的蛀船虫和鲨鱼。

7. 大约每隔 5 到 6 格写出下面的一个句子。

8. "前进 2 格。"

9. "转 2 个弯。"

10. "因为迷路,失去了 1 次转弯机会。"

11. "了解到巨大的蛀船虫的存在,后退 1 格。"

12. "遇到危险的鲨鱼,失去了 2 次转弯机会。"

13. "你是幸运的,转 2 个弯。"

14. 在倒数第 2 个空格写"淘气发现了一个朋友,前进 1 格去争取胜利"。

15. 把意义相反的图片粘贴在每个空格中。

16. 让学生掷骰子并说出他的概念名字。

17. 如果学生回答正确,让他待在现在的位置上。

18. 如果学生回答错误,把正确答案告诉他,并让他回到以前的位置。

19. 指出第一个到达最后一格的学生就是获胜者。

9.34 根据所给 4 个词语、概念或图片中的 3 个来完成类比

活动主题:类比游戏

能力要求:视力、语言、动手能力

兴趣水平:小学、中学生、青少年、成年人

材料:方格纸、笔

1. 准备带有 4 个关键词的类比句,如:"热对于火,就像冷对于……""鞋对于脚,就像手套对于……"。

2. 把方格纸发给学生。

3. 让学生找出第一个方格。

4. 说出一个类比句,让学生们用画或写的方式来完成这个句子。

5. 选一个学生来充当老师并把类比句说给其他学生。

6. 为回答正确的学生或小组计分。

7. 让学生在周围环境中找出类比对象,并与大家分享。以此来进行拓展练习。

九、推　理

9.35　区分一位数、两位数和三位数

活动主题：圈数游戏

能力要求：视力、语言、动手能力

兴趣水平：小学、中学生

材料：纸、有色蜡笔或铅笔

1. 准备写有数字 1 到 200 的作业纸。
2. 把作业纸分发给学生。
3. 让学生拿起红色、蓝色和绿色的蜡笔或铅笔。
4. 告诉学生用红色蜡笔圈出所有的一位数，用蓝色蜡笔圈出所有的两位数，用绿色蜡笔圈出所有的三位数。
5. 让学生借助颜色来读出这些数字，以此来进行拓展练习。

9.36　把字词按声母和韵母进行分类

活动主题：回文游戏

能力要求：视力、动手能力

兴趣水平：小学、中学生

材料：盒子等容器、笔、字母卡片

1. 准备几套可以进行回文游戏的字词卡片。（如：风扇、刷牙、上海、山东、毒蛇、喜欢、蜜蜂、泥水……）
2. 把这些单词和 2 个盒子发给学生。
3. 让学生在两个盒子上分别做出声母和韵音的标记。
4. 解释声母和韵母的定义。
5. 让学生把词语分类，首字的声母相同的字词放进一个盒子里，首字的韵母相同的放进另一个盒子里。

9.37　把词语归类为名词、动词、介词、形容词等

活动主题：辨别词性

能力要求：视力、动手能力

兴趣水平：小学、中学生

材料：盒子等容器、笔、字母卡片

1. 发给学生约 8 cm×12 cm 的卡片。
2. 把黑板划分为名词、动词、形容词、介词等几栏，并在每个栏目中写出一些词语。
3. 告诉学生在每个栏目中选 1 至 2 个词语抄写在他们的卡片上。
4. 教师说"给我看一个名词"或其他词性的词。
5. 要求学生举起适当的单词卡片。
6. 拓展练习：让学生用他们的词语卡片来造句；让学生拿着卡片站在班级的前部并说出句法或句子结构。

■ 9.38　把一组汉字按拼音首字母的顺序排列（为音序查字法准备）

活动主题：连线字母

能力要求：视力、动手能力

兴趣水平：小学、中学生

材料：纸、铅笔、作业纸

1. 准备带有圆点的着色画图本。
2. 准备带有 24 到 26 个数字的图片。
3. 教师可以随时增加一些自己的圆点。
4. 把数字改成字母表上的字母。
5. 制作字母图片作业纸，并且为每个学生都复印一份。
6. 告诉学生他们将要拿着铅笔，按照字母表顺序来连接这些圆点。
7. 用前几个字母做示范。
8. 对正确完成任务的学生给予奖励：展示他所完成的作业。
9. 为那些有困难的学生复习字母表，然后让他们再试一遍并把他们的作业也展示出来。
10. 增大难度：让学生把每个字母都变成简单的汉字，如"ài（爱），bà（爸），cǎo（草），dà（大）等"。

■ 9.39　把一组汉字按笔画表顺序排列

活动主题：字母排序

能力要求：动手能力

兴趣水平：小学、中学生

材料：笛、篮笔、筷、锅、杯、盘、盒、盖、枪、梯

1. 收集 10 到 15 个物体，让其中的一些物体名字中有相同的部首。
2. 把这些物体堆放在桌上。
3. 发给学生纸、铅笔。
4. 指导学生把这些物体按名字的部首笔画顺序排列。如果有必要的话，使用物体名字的总笔画数排列。
5. 让学生说出按部首笔画顺序排列的所有物体的名字，而教师负责核对顺序是否正确。
6. 如果某个物体的排列顺序不正确，把这个物体拿走，让学生再试一遍。

9.40 在字典中找到熟悉的字词

活动主题：查字游戏

能力要求：视力、动手能力

兴趣水平：小学、中学生

材料：字典、纸条、抽纸盒

1. 准备字典。
2. 制作纸条，上面写有熟悉的字词。
3. 把纸条放进拉线箱。
4. 告诉学生他们将要从箱子里抽出纸条。
5. 让学生拿着抽出来的纸条，在字典中查找上面的字词。
6. 告诉学生找到字词的时候举手。
7. 选择举手的学生，根据需要对答案进行强化并提供帮助。
8. 允许学生列出一个需要在字典中查找的字词清单。

9.41 在字典中找到不熟悉的单词

活动主题：查字游戏

能力要求：视力、动手能力

兴趣水平:小学、中学生

材料:纸、铅笔、作业纸

1. 把不熟悉的字词写在黑板上。
2. 询问学生他们可以在哪里找到这些字词的含义和读音。
3. 把字典发给学生。
4. 讨论用字典查找不熟悉的字词的步骤。
5. 为第一个在字典中找到生字并说出读音含义的学生计分。
6. 拓展练习:让学生在字典中任意翻页。
7. 让学生在字典中找到不熟悉的字词。
8. 要求学生相互分享他们所查到的字词。
9. 让学生在字典中查找字词的位置。
10. 要求第一个查到字词的学生举手。
11. 让这个学生拼读字词并说出含义。

■ 9.42 使用目录索引找到特定信息所在的页码

活动主题:信息索引

能力要求:视力、动作

兴趣水平:小学、中学生

材料:带有目录索引的书

1. 准备带有目录索引的书。
2. 把这样的书发给学生。
3. 告诉学生找到目录索引。
4. 解释索引是用来做什么的。
5. 让学生在目录索引中找到某些信息,并说出这些信息所在的页码。
6. 让学生轮流充当指挥者:让大家找到信息并说出页码。
7. 为第一个找到页码的学生计分。
8. 给出一个主题并提供几种不同的参考书。
9. 让学生使用参考书中的目录索引找出关于这一主题的信息。

九、推　理

■ 9.43　确定一个已知的原因可能造成的结果

活动主题：事件排序
能力要求：视力、听力、动手能力
兴趣水平：中学生、青少年
材料：纸板、水彩笔

1. 选择或编一个短篇故事，故事中包含由简单的原因引起的连锁反应。如：闪电击倒了一棵树，这棵树倒下了。
2. 把每个句子写在一条标签纸上。
3. 把纸条打乱顺序发给学生。
4. 把纸条上的句子读给学生。如果学生有能力自己读句子，就让他们自己读。
5. 让学生确定哪个事件发生在先、它所造成的结果是什么，从而把这些纸条按正确的顺序排列。
6. 必要时提供帮助。

■ 9.44　根据一个已知的结果来推测可能的原因

活动主题：表情推测
能力要求：视力、语言、动手能力
兴趣水平：小学、中学生
材料：纸、蜡笔

1. 为每个学生准备 3 张约 8 cm×8 cm 的图画纸。
2. 发给每个学生 3 支蜡笔，颜色分别为橙色、蓝色和红色。
3. 让学生在每张纸上画出不同的脸，如：高兴、难过和发狂的脸（如图所示）。

高兴	难过

4. 告诉学生把几张画放在自己面前。
5. 解释每张脸上的表情。
6. 询问学生关于脸部表情的问题，如："我有一张难过的脸。你认为发生什么事了?"

7. 列举一些例子,如:我刚吃了一个美味的冰激凌;我丢了我的小猫;我将要去参加一个聚会。

8. 继续进行下去,直到每个学生都有机会回答问题。让学生保留这些"脸"。

■ 9.45 在两个选项中选择其一,确定一个已知动作的可能的结果

活动主题:故事推测

能力要求:视力、语言、动手能力

兴趣水平:小学、中学生

材料:故事书

1. 选择或编一个小故事,这个故事中的一些情节,学生必须做出选择。
2. 朗读选定的故事,并在适当的时候让学生做出决定。
3. 讨论这些决定的可能的结果。
4. 继续朗读并发现结果。
5. 把学生分成小组。
6. 为每个小组提供一个需要做出选择的故事。
7. 允许这些小组做出选择并讨论结局。

■ 9.46 在两个选项中选择其一,确定两个已知动作的可能的结果

活动主题:情境推测

能力要求:视力、语言、动手能力

兴趣水平:小学、中学生

材料:情境卡片

1. 制作情境卡片,卡片上的事件要求在两个选项中做出取舍。
2. 在情境卡片上写出两个备选动作,分别标记为 A 和 B。
3. 确保卡片上所用的字词没有超出学生的阅读能力。
4. 让学生围坐在一起。
5. 邀请一个学生抽取一张卡片并朗读上面的文字。
6. 把 A 和 B 两个选项写在黑板上方,下面留出空间。

7. 让学生集体动脑筋,想一想每个动作可能造成的结果。
8. 在每个动作的下方写出所有的想法。
9. 重视各种不同的回答。

9.47 比较两种行动的结果

活动主题:情境推测
能力要求:视力、语言、动手能力
兴趣水平:小学、中学生
材料:情境卡片

1. 制作情境卡片,要求在某个问题的两个解决方案中做出选择。
2. 让学生抽取卡片,读出情境和两个行动选项。
3. 把两个选项都列在黑板上。
4. 让学生集体讨论这两个行动可能带来的结果,并在每个选项下方列出这些结果。
5. 重视各种不同的回答。
6. 接受并表扬所有的回答。
7. 分析这两个备选的行动和可能的结果,以便确定哪一个是最佳解决方案。
8. 邀请每个学生写出或讨论他的选择和理由。

9.48 根据两种行动的结果做出决定

活动主题:故事推测
能力要求:视力、语言、动手能力
兴趣水平:小学、中学生
材料:故事书

1. 找一些故事,故事中要求学生必须做出选择。
2. 朗读选定的故事,在适当的时机要求学生做出决定。
3. 讨论这些决定可能造成的结果。
4. 继续朗读,从而找出结果。
5. 把学生分成几个小组。

6. 为每个小组提供要求做出选择的故事。
7. 鼓励学生做出选择并讨论结局。

■ 9.49 在一个多种选择的情境中确定3种或多种行动的可能的结果

活动主题：故事推测
能力要求：视力、语言、动手能力
兴趣水平：小学、中学生

材料：故事书

1. 找一些故事，故事中要求学生必须做出选择。
2. 朗读选定的故事，在适当的时机要求学生做出决定。
3. 讨论这些决定可能造成的结果。
4. 继续朗读，从而找出结果。
5. 把学生分成几个小组。
6. 为每个小组提供要求做出选择的故事。
7. 鼓励学生做出选择并讨论结局。

■ 9.50 解释童话、寓言、格言、谚语、新闻事件等的含义或寓意

活动主题：信息理解
能力要求：视力、语言、动手能力
兴趣水平：小学、中学生

1. 选择童话、寓言、格言、谚语或新闻事件。
2. 把上述精选的材料读给学生。
3. 让学生说出、写出或用图画表达出这些材料的含义或寓意。
4. 让一个自告奋勇的学生分享他的答案。
5. 讨论这些材料和学生的答案。
6. 让其他学生也有机会分享他们的答案。
7. 教师还可以让学生通过角色表演来表达材料的含义或寓意。

后 记

在书稿即将付梓出版之际,作为编写者,我们感到了一点由衷的欣慰之意。

本书的完成首先得益于伙伴之间的精诚合作。一个是在一线实践有着极其丰富的教育教学及其管理经验的校长;一个是在高校乐于思考把理论与实践相对接的研究者。作为高校偏重理论的研究者,常常遇到基层老师的提问,"理论能否接地气点,告诉我们具体如何做!"作为一线实践工作者,又时时遭遇经验的困惑,"我们实践背后的理据为何,经验又如何提炼上升到理论"。

确实,理论只有与实践结合,才有价值;经验上升为理论,才有提升。基于对教育教学有效性追求的共识,基于为家长和教师提供有科学理论依据而又可操作的经验指南,同时也基于改变传统的以单向说教为主的学习方式,共同的感受与思考,促成了本书的编撰。我们试图通过理论与实践的无缝对接,为广大师生和家长做些扎扎实实而又富有成效之事。

儿童的发展是家长、教师共同的责任。然而,盘亘在老师、家长心头最大的问题似乎是教什么?怎么教?

很多家长希望能有一本类似育儿宝典的工具书帮助他们更好地进行家庭教育。譬如,一些家长用蒙学读物"三百千"让孩子诵读,时间长了,发现孩子牙牙学语背诵的诗句,长大后都不记得了,这些死记硬背的成人语言,并没有内化成孩子的语言,没有融进孩子的血脉中。

很多老师也希望能有一本好一些的教材或教辅,让他们更轻松一点,也希望工具书能帮助他们更好提升教学能力。然而,许多老师只是机械地基于教材或教辅的教学,而非基于儿童需要的教学。重教轻学、重讲授灌输轻互动体验仍然普遍存在。

随着融合教育的推进,障碍学生类型的增多及程度的加重,面对有特殊教育需要的学生,这部分老师和家长急需基于评估、针对性强、实效性强的指导,因为无论是普通学校随班就读,还是特殊教育学校,针对学生技能的教学,必须在评估的基础上找到发展的起点,实施满足其独特的发展需要的教学。如果沿袭单调、枯燥、乏味、重复的训练方式,无疑忽视了特殊儿童的身心特点,更制约了教育教学的有效性。

作为一本实用的工具指南用书,《儿童认知发展:评估与教学》中的所呈现的活动案例,看似随机、繁杂聚焦于操作,但其逻辑编写框架的设计有着坚实的理论取向与支撑。首先,遵循认知发展规律,通过观察评估357个行为特征,描述、记录儿童在不同领域的关键认知技能由简单到复杂的顺序发展。我们认为,一些正式的基于常摸的评估工具,仅具有诊断定性的功能,对于实际的教学训练意义不大。与之相比,行为特征活动的设计既可以作为技能评估的手段,又可以作为教学训练的指南,这种非正式的活动本位评估,便于家长与教师的实际操作。这样,在评估的基础上进行有效的训练,教学起点清楚,教学过程有监控,教学质量就会有保障。这是本书有别于其他儿童学习用书的一大特色。

其次,采取游戏化的活动设计,以活动为平台、以游戏为载体激发儿童的学习兴趣、提高学习的专注度,将知识、技能的学习融于轻松、愉快、积极、互动而又意义的参与情境与过程,进而提高教学的效率。本书编写中,我们安排包含了角色游戏、结构游戏、表演游戏等创造性游戏设计,也安排了包含体育游戏、智力游戏、音乐游戏等规则性游戏的设计,通过游戏活动,培养学生好奇心,想象力,引发主动性的学习品质。我们相信如维果茨基所说:"在游戏中,一个孩子的行为总是超越于他的实际年龄、他的日常行为;在游戏中,他比他本身的实际水平要高出一点。"在认知能力发展中,过程本位的学习强调人的躯体、感情、意志和精神的参与,通过游戏活动及其学习过程让身心灵结合。换言之,种瓜不仅要得瓜,而且要的豆!这对那些有特殊需要的障碍儿童尤其有益。

因此,这是一本好玩的书。它提倡的是任务单式的活动学习、游戏化的学习!这里充满了游戏,戏剧,阅读,写信,作画,猜谜,下棋……各种情境活动。每一次活动,都会要求准备丰富的活动材料:扑克牌,字谜卡,手电筒,剪刀,骰子,计时器,木偶,木块,面团,食物,锅碗瓢盆,量杯,温度计,布告牌,胶带,地毯,窗户,豆子,细绳,音乐,图书,隐形墨水……

要玩好这本书,需要家长、教师创造性的把很多生活中的材料拿来做教具、学具、玩具,这种学习活动是动态开放的,让儿童的认知、身体、环境相互联结,"通过操作玩具,孩子在游戏中会比在运用语言的环境下表现出更好地适应性,他可以用玩具表达出他对自己以及生活中重要的人和事的感受"。所以,当读者翻开书时会发现,这不仅仅是在教学,而是带着儿童在体验生活,探索世界。

呵护儿童的天性,开发儿童的潜能!书中的活动是一个个案例,可以根据自己

后 记

身边的资源,进行调整,进行创新,我们需要做的,就是在本书所倡导的做中学、玩中练的理念中,重新设计教育的物理情境、语言情境、人际互动与文化情境,增强儿童对多元智能的体验,更多的引发儿童的成长性思维。

为了帮助读者更好地理解学习和利用这本书,我们将有选择地把一些经典的活动案例拍摄为视频材料供读者参考,也将提供其他的相应电子资源(包括在线咨询、解答等),读者可根据版权页上的二维码,有针对性地扫描接入,获得更多的资源,同时也可进入"仁爱学堂"http://xuetang.sipras.net/获取相关资源。

最后,感谢参与修订、绘制插图与活动案例拍摄的仁爱学校的老师们!感谢南京大学出版社的编辑、校对,对本书的校阅!此外,编撰过程中参考了众多的国内外作者的文献资料,作为活动案例的编写,很难一一列出,在此,谨表以诚挚的谢意!

2017 年 7 月

图书在版编目(CIP)数据

儿童认知发展：评估与教学 / 盛永进，范里编著
． —南京：南京大学出版社，2017.8
 ISBN 978 - 7 - 305 - 18280 - 8

Ⅰ.①儿… Ⅱ.①盛… ②范… Ⅲ.①儿童教育—认知能力—研究 Ⅳ.①G61

中国版本图书馆 CIP 数据核字(2017)第 030437 号

出版发行	南京大学出版社
社　　址	南京市汉口路 22 号　　邮编　210093
出 版 人	金鑫荣

书　　名	儿童认知发展：评估与教学
编　著	盛永进　范　里
责任编辑	黄隽翀　　　　　　　编辑热线 025 - 83685720
照　　排	南京理工大学资产经营有限公司
印　　刷	丹阳市兴华印刷厂
开　　本	718×960　1/16　印张 14.25　字数 264 千
版　　次	2017 年 8 月第 1 版　2017 年 8 月第 1 次印刷
ISBN	978 - 7 - 305 - 18280 - 8
定　　价	30.00 元

网　　址：http://www.njupco.com
官方微博：http://weibo.com/njupco
官方微信号：njupress
销售咨询热线：(025)83594756

配套教学资源

* 版权所有，侵权必究
* 凡购买南大版图书，如有印装质量问题，请与所购
　图书销售部门联系调换